HONIG KOCHBUCH

Gesamtherstellung: IVR Industrie- & Verlagsredaktion GmbH,
München, unter der Mitarbeit von Jutta Wellmann.
Gestaltung: KES München, Michael Ewerbeck & Dieter Strothmann.

Printed in Germany

ISBN 3-89350-197-5

Angelika Ehrnsperger

HONIG KOCHBUCH

Rezepte und Tips
rund um den wertvollen Honig

Weltbild

Frühstück

Hauptgerichte

Süßspeis
&
Dessert

Saucen
&
Marinaden

Salate
&
Beilagen

Mix-
getränk

Inhalt

Nur wenige Menschen wissen um die unglaubliche Vielfalt dieses wunderbaren Bienen-Produktes

Der Honig –

vielfältig, erlesen und gesund!

Viel mehr als nur ein Brotaufstrich!

Warum wir ein Honig-Kochbuch machen? Weil der Honig bei uns immer noch unterschätzt wird! Zwar wissen 98 Prozent der Bundesbürger, daß er gesund ist. Die meisten glauben auch, daß Honig ein wirklich naturreines Produkt ist, was ja im allgemeinen auch stimmt. Aber was man mit diesem wunderbaren Saft der Bienen alles anfangen kann – davon haben viele keine Ahnung. In den meisten Haushalten hat der Honig morgens einen kurzen Auftritt als Begleiter des Frühstückbrötchens – dann verschwindet er wieder im Regal. Und das ist jammerschade!

Vielseitig und erlesen im Geschmack

Wenige wissen um die unglaubliche Vielseitigkeit des Honigs. Nicht nur sein hoher Nährwert und seine äußerst gesunden Inhaltsstoffe, sondern auch sein erlesener Geschmack geben jedem Mahl eine besondere Note. Dieses Buch soll Ihnen Anregungen und praktische Tips geben, wie Sie mit Honig Ihre Kochkünste noch steigern können. Ob Suppen, Saucen, Fleisch- und Fischgerichte oder die hohe Kunst des Backens – Honig verfeinert den Geschmack. Im Anhang erzählen wir Ihnen ein bißchen über die wahrhaft aufregende Geschichte des Honigs – immerhin war der Bienensaft einmal die Lieblingsspeise der Götter! Die wichtigsten Erntegegenden, die Herstellungsverfahren und die gängigsten Sorten werden kurz erläutert, damit Sie den richtigen Honig für Ihre Küche finden. Denn beim Honig gibt es große Geschmacksunterschiede. Und es wäre grundfalsch, zum Kochen einfach irgendeinen Honig zu nehmen. Grundsätzlich wird unterschieden zwischen hellen, klaren Honigsorten, die mild sind, und den dunkleren mit einer kräftig-würzigen Geschmacksnote. Je nachdem, ob Sie den Honig zum Süßen oder zum Würzen verwenden wollen, wählen Sie die passende Sorte. Allgemein gilt: Zum Süßen lieber hellen Honig verwenden, also zum Beispiel für Saucen, Desserts oder Getränke wie Tee und Milch. Kräftige Würzhonige passen besonders gut zu Gewürzbroten, -stollen oder -kuchen.

Wenn Sie noch nicht mit Honig gekocht haben, versuchen Sie ruhig einmal, den bisher verwendeten Zucker durch Honig zu ersetzen. Denn Honig ist für die Gesundheit Ihrer Familie ungleich wertvoller! Zucker enthält nicht viel mehr als

„leere“ Kalorien, Honig hingegen wichtige Vitamine und Mineralstoffe. Wenn Sie in Ihren bekannten Rezepten Honig statt Zucker verwenden, müssen Sie nur berücksichtigen, daß Honig viel Wasser enthält, die angegebenen Flüssigkeitsmengen im Rezept können also etwas verringert werden. Verwenden Sie den Honig sparsamer als Zucker – er süßt intensiver. Für Kuchen ist Honig nur bedingt geeignet, da er zu schwer ist und der Kuchen nicht mehr locker wird. Apropos Backen: Reduzieren Sie beim Backen mit Honig die Ofentemperatur, denn Honig karamelisiert leicht und wird schnell dunkel. Zu große Erhitzung mag der Honig sowieso nicht, ebenso wie lange Kochzeiten. Dann werden nämlich seine kostbaren gesunden Inhaltsstoffe zerstört. Geben Sie Honig also immer erst kurz vor der Fertigstellung eines Gerichts in den Topf.

Wer mit Honig im Kochtopf experimentiert, wird schnell feststellen, daß sich mit verschiedenen Sorten ganz ausgefallene, neue Geschmacksrichtungen kreieren lassen. Und so bleibt es mit der Zeit nicht aus, daß sich eine ganze Menge verschiedener Honiggläser im Regal ansammeln. Da stellt sich die Frage: Wie lange hält sich eigentlich Honig? Ungefähr zwei Jahre, vorausgesetzt, er steht nicht zu warm und am besten an einem dunklen Platz. Honig büßt kaum etwas von seinem Geschmack ein bei längerer Lagerung, auch wenn der im Herbst frisch gewonnene natürlich am besten schmeckt. Unbrauchbar ist Honig, wenn er sauer geworden ist, also gärt. Das erkennen Sie daran, daß sich an der Oberfläche Schaum bildet.

Daß das Naturprodukt Honig nicht mit chemischen oder fremden Stoffen vermischt wird, garantieren in Deutschland strenge Gesetze und die Honigverordnung. Der Verbraucher kann also sicher sein, immer ein unverfälschtes, reines, gesundes Naturprodukt zu kaufen. Regelmäßige Kontrollen und Stichproben geben zusätzliche Sicherheit. Aber dennoch wollen wir nicht verschweigen, daß es trotz aller Gesetze einmal schwarze Schafe geben kann. Der größte Teil des in Deutschland verkauften Honigs ist Importware – und diese unterliegt zwar den gesetzlichen Bestimmungen des deutschen Lebensmittelgesetzes, nicht aber den freiwilligen – strengen! – Verordnungen des Deutschen Imkerbundes. Deutscher Honig ist mit dem grünen Kontrollstreifen des Deutschen Imkerbundes gekennzeichnet. Vorsicht ist angeraten bei plumpem Etikettenschwindel. Steht auf dem Glas „naturrein“, „echt“ oder „bio“, so besagt das rein gar nichts. Denn erstens hat Honig in Deutschland ohnehin echt und naturrein zu sein, und zweitens sind diese Begriffe nicht geschützt, das heißt jeder kann sie verwenden. Vorsicht ist auch bei ungewöhnlichen Plaketten irgendwelcher „staatlich geprüfter Lebensmittelchemiker“ geboten sowie bei den Honig-Verkäufen an der Haustür. Wichtig ist jedoch: Die Honig-Gesetze sind streng – und die oben beschriebenen Auswüchse sehr selten.

Die Honig-Gesetze sind streng!

Für welchen Honig auch immer Sie sich entscheiden: Lassen Sie sich von diesem Buch dazu verführen, Ihren Honig einmal von einer ganz neuen Seite kennenzulernen! Wir wünschen Ihnen viel Spaß beim Ausprobieren!

Schon in frühester Zeit wurde der Honig als Süß- und Arzneimittel hoch geschätzt

Historie & Histörchen

Honig – das älteste Nährmittel

Wie der Mensch auf die Biene kam

Sie hausten in Höhlen, ernährten sich von dem, was ihnen über den Weg lief und waren wohl auch nicht besonders helle. Dennoch, ein gutes Werk haben die Neandertaler doch für ihre Nachfahren vollbracht: die Zähmung der Bienen. Dazu brauchten die Höhlenmenschen auch gar nicht so viel Köpfchen, denn wie das geht, schauten sie bei ihren Nachbarn, den Bären, ab. Immer wieder beobachteten sie Meister Petz, wie er Bienenstöcke plünderte und das süße Zeug naschte. Der Bär war dabei durch sein dikkes Fell hinreichend vor Stichen geschützt, unsere Vorfahren mußten wohl anfangs einige recht schmerzliche Erfahrungen mit ihren neuen Nahrungslieferanten machen...
Daß Meister Petz beim Honigsammeln recht rücksichtslos zu Werke ging, nutzten die Steinzeitmenschen geschickt aus. So entstand vermutlich der noch heute funktionierende Tauschhandel „Honig gegen Sicherheit". Die Menschen schützten „ihre" Bienen vor den plündernden und mordenden Bären – und bekamen Honig dafür. Das System funktioniert noch heute, wenn auch ohne Bären. Heute gibt es den Imker, der ständig immer bequemere Häuser für die Bienen baut. Kunstwaben nehmen ihm teilweise die mühsame Bauarbeit ab, und im Winter schützt der Imker seine Bienenvölker vor Kälte und Hunger. Auf mehr Entgegenkommen den Menschen gegenüber hat sich die Biene aber niemals eingelassen: Seit jeher muß sich der nette Imker vor den Stichen seiner Schützlinge wappnen. Und mag die Wohnung noch so schön sein – immer wieder mal macht sich ein Schwarm auf Wanderschaft. Unterwürfigkeit wie bei anderen Haustieren ist Bienen fremd, sie sind Haustiere mit ausgeprägtem eigenem Willen geblieben.

Nektar der Götter und Auserwählten

Weltweit machten es offenbar die Menschen schon im Altertum wie die Bären. Das zeigt zum Beispiel eine 10.000 Jahre alte Wandmalerei in Spanien, auf der eine Frau beim Plündern von Bienenwaben zu sehen ist, umringt von wütenden Bienchen. Daß der Honig schnell zu einer Besonderheit auf allen internationalen Speisezetteln wurde, beweist nicht zuletzt die Tatsache, daß sich natürlich die Götter – und spä-

ter die Kirche – der wohlschmekkenden Leckerei annahmen und sie flugs zu „himmlichem Manna“ erklärten. Kein geringerer als der griechische Gottvater Zeus wurde schon als Knabe mit Honig und Milch gespeist, von Nymphen natürlich, und machte prompt eine wahrhaft himmlische Karriere. Dieses Beispiel vor Augen, machten alsbald ebenso alle anderen Götter den Nektar zu ihrem Lieblingsmahl. Kein Wunder eigentlich, daß um einen so begehrten Stoff auch Kriege geführt wurden. Im 17. Jahrhundert schlugen die Türken erbitterte Schlachten um die Insel Kreta – wegen der berühmten Honigproduktion der Insel. Noch heute produzieren die Kreter einen hervorragenden Honig, unter anderem den begehrten Thymian-Honig. Auf dieser Insel machten Archäologen außerdem Funde der frühesten künstlerischen Darstellungen von Bienen, in feinem Gold gearbeitet. Früh wurde auch schon friedlicher Handel mit dem Honig getrieben; darauf geht Nürnbergs Berühmtheit als Lebkuchenstadt zurück, denn im Mittelalter war Nürnberg die Metropole des Honighandels.

Auch die Bibel belegt an zahlreichen Stellen, daß dem Honig im Altertum wahre Wunderdinge nachgesagt wurden. Immerhin ist dokumentiert, daß sich auf das bloße Versprechen hin, in ein Land zu kommen, „wo Milch und Honig fließen“, ein ganzes Volk auf die Wanderschaft machte. Wiederum in der Bibel finden sich erste Hinweise, daß Honig ein bekanntes Genußmittel war. Nicht irgendeinen Wein, sondern immerhin Honigwein verzehrte Jesus beim Fischgericht mit seinen Jüngern (Lukas 24, 42). Dreister trieben es freilich wieder mal die alten Germanen: Die machten aus dem an sich sehr gesunden Genußmittel Honig ein richtiges Rauschmittel: das berüchtigte Met.

Als gesundheitsförderndes Heilmittel übrigens fand der Honig schon früh Erwähnung: An die 300 Rezepte kannte der griechische Arzt Hippokrates; der Talmud erwähnt den Honig gleich an mehreren Stellen. Mag der Honig auch heute seinen Stellenwert als göttliche Speise verloren haben: Für die Kirche sind die Bienen nach wie vor von unschätzbarem Wert. Denn sie liefern als Nebenprodukt das Wachs für die Ker-

zen, von denen besonders in Zeiten strenger Gläubigkeit allein eine Kirche im Jahr 20.000 Kilogramm brauchte.
Vieles, was über das Leben der Bienen bekannt ist, wußten die Menschen damals noch nicht. Aber aus dem, was sie sahen und an den Tierchen bewunderten, zogen sie doch bemerkenswerte Rückschlüsse auf ihr eigenes Leben. So legte schon früh die unglaubliche Fortpflanzungsfähigkeit der Bienen – und damit praktisch deren Unsterblichkeit – die Vermutung nahe, daß hier Überirdisches im Spiel sei. Deshalb wurde in manchen Völkern die Seele Verstorbener als Bienchen gesehen. In einigen Bergregionen wurde beim Tod des Bauern zuerst dreimal an das Bienenhaus geklopft und dem Schwarm mitgeteilt: „Der Bauer geht". Wir wissen heute, daß es

Ein mörderisches Völkchen

innerhalb der natürlichen Ordnung durchaus seinen guten Grund hat, daß sich Bienen so stark vermehren. Denn schließlich sind die Tierchen auch noch für die Arterhaltung zahlreicher Pflanzen zuständig, die sie bestäuben. Wenn die Biene stirbt, sterben auch die Pflanzen. Nicht überliefert ist, ob sich die Menschen jemals den sprichwörtlichen Fleiß der Bienen zum Vorbild nahmen. Und genausowenig wird die Wissenschaft vermutlich je klären, warum die zierlichen, grazilen Insekten im Mittelalter ausgerechnet den Namen „wilder Wurm" bekamen! Mit einem Wurm hat eine Biene nun wirklich keine Ähnlichkeit!
Wie in manchen menschlichen Lebensgemeinschaften ist bei den Bienen der Boß eine Frau, die Königin. Konkurrentinnen werden übrigens gnadenlos getötet. Daneben gibt es viele Männer, die Drohnen, 500 bis 30.000 pro Bienenstaat. Ihre Lebenszeit ist kürzer als die der Arbeitsbienen, sie werden schließlich nur zur Begattung gebraucht. Dafür macht die Königin Hochzeitsflüge, die so einträglich sind, daß sie bis zu vier Jahre danach Eier legen kann: mitunter bis zu 5000 am Tag! Aus den befruchteten Eiern entstehen die weiblichen Arbeitsbienen, aus den unbefruchteten die Drohnen. Diese werden – ein mörderisches Völkchen! – am Ende des Sommers von den Arbeitsbienen getötet – man benötigt sie nicht mehr. Arbeiterinnen hingegen braucht ein Bienenstock besonders in den sommerlichen Spitzenzeiten reichlich: bis zu 70.000 werden dann eingesetzt. Auch die Arbeitseinteilung der Bienen ist genial durchdacht: Die Saisonarbeiter für den Sommer werden im Winter niemals zu einem Arbeitslosenproblem, denn sie haben eine kurze Lebenszeit von maximal acht Wochen. Besser dran ist das Stammpersonal, etwa 20.000 Tiere, die bis zu acht Monaten leben. Blaumachen auf Kosten des Arbeitgebers gibt es bei Bienen nicht. Die Arbeiterinnen sind rund um die Uhr beschäftigt. Sie sammeln den Nektar auf den Pflanzen und bringen ihn in den Stock. In einem kleinen Körbchen am Hinterbein sammeln sie zusätzlich Blütenstaub, der als Nahrung für die Larven dient. Propolis – Kittharz – muß auch heimgebracht werden, als Dichtungsmasse für den Stock. Und schließlich noch das Wachs für die Waben, das die Tierchen selbst in Drüsen produzieren müssen. Nebst der Fütterung der Larven und der Brut obliegt den Arbeiterinnen noch die verantwortungsvolle Aufgabe, Vorräte für den Winter anzusammeln. Nicht genug damit: Die

Die Imkerei hat eine lange Tradition und wird mit Liebe und Sorgfalt gepflegt.

Königin verlangt obendrein etwas Besonderes, und zwar Weiselfuttersaft, bekannt als Gelée Royale – ausschließlich for Her Majesty, the Queen!
Ist die ganze Truppe endlich satt, dürfen die Arbeitsbienen immer noch nicht ruhen, jetzt werden sie noch als Klimaanlage eingesetzt! Ihre Flügel werden zu kleinen Ventilatoren und lüften so den Stock und sorgen für Kühlung. Mit der neuen Brut wird auch immer eine neue Königin herangezogen. Und wenn es dann langsam eng wird im Stock, gehen nicht etwa die Kinder hinaus in die Welt, um ein neues Leben zu beginnen. Nein, die alte Königin zieht mit ihren Leuten hinaus und bildet einen neuen Schwarm. Kein Gedanke an Altersruhesitz und Pension!
Niemals übrigens fliegt eine Biene einfach aufs Geradewohl in die weite Welt hinaus. Sie haben einen eigenen Kompaß, der ihnen zeigt, wo es langgeht. Die Orientierung erfolgt nach Landmarken, dem Stand der Sonne und dem polarisierten Himmelslicht.

Künstliche Häuser werden akzeptiert

An dem straff organisierten und arbeitsintensiven Leben der Bienen, das seit ewigen Zeiten nach demselben Muster abläuft, hat sich auch nichts geändert, als der Mensch ins Spiel kam. Die Bienen sind nicht bequemer und nicht angepaßter geworden. Sie warten nicht, wie andere Haustiere, daß der Mensch ihnen ein warmes, trockenes Plätzchen zum Schlafen richtet und regelmäßig mit einer wohlgefüllten Schüssel Futter daherkommt. Künstliche Häuser mit raffinierten Waben werden akzeptiert – aber es wird weiterhin selbst gebaut. Genauso wird im Winter zusätzliches Futter angenommen, sonst würden viele Bienen verhungern. Vielleicht ist das ein gerechter Ausgleich dafür, daß heute mehr Bienen sterben müssen, weil sie mit chemischen Pflanzenschutzmitteln in Berührung kommen.
Die ungewöhnlich hohe Fortpflanzung bei Bienen hat also einen Sinn. Denn sterben müssen sie auch, wenn sie beim Stich ihren Stachel einbüßen. Stechen tun sie zumeist nur zur Verteidigung, Bienen greifen selten an. Doch damit nicht genug der Todesursachen: Kranke Arbeiterinnen im Stock werden keineswegs gesund gepflegt, der Nachwuchs

steht schließlich schon in den Startlöchern. Sie werden kurzerhand aus dem Stock gejagt, was ihr sicheres Ende bedeutet. Dasselbe Schicksal erleiden Drohnen, die nicht freiwillig gehen wollen, und sogar Königinnen werden umgehend eliminiert, wenn sie nicht mehr genügend Eier produzieren. Der Bedarf an Nachwuchs ist in der Tat gewaltig! Einen Bienenstich ganz anderer Art kennen wir vom sonntäglichen Kaffeeklatsch: jenes süße Naschwerk aus Hefeteig mit dem knusprigen Belag aus Butter, Zucker und Mandeln. Nicht immer jedoch war Zucker im Spiel! Den Namen Bienenstich trägt der Kuchen nur zu recht, wenn er tatsächlich „von der Biene gestochen wurde“, also wenn Honig drin ist. Für den Belag werden dann Nüsse und Bienenhonig verarbeitet.

Nach heutigem Wissen um den Nähr-, Genuß- und Gesundheitswert des Honigs ist es fast schade, daß er so viel von seiner ursprünglichen Bedeutung für die Menschheit eingebüßt hat. Schaut man sich die ungeheure Arbeit an, die in einem Bienenstock geleistet wird, muß man doch sagen: Kein anderes Nahrungsmittel wird mit einem auch nur annähernd vergleichbaren Aufwand produziert! Wer denkt schon beim Verzehr eines Honigbrotes daran, daß für ein Kilo Honig Bienen eine Flugstrecke zurücklegen, die zwei Erdumkreisungen entspricht...

Honig-Trocken-früchte-Müsli

Das Rezept dazu auf Seite 22

Zum Frühstück

Karotten-Müsli

(für 1 Portion)

Die Möhre, wenn nötig, schälen und raspeln. Die Orange halbieren und auspressen. Die Weinbeeren im Orangensaft einige Minuten einweichen. Den Apfel gründlich waschen und mit der Schale raspeln. Alles miteinander vermischen. Die 2–3 Tage gekeimten Weizenkörner zugeben, mit Honig abschmecken und mit leicht angerösteten Sonnenblumenkernen bestreuen.

1 mittelgroße Möhre
1 Orange
1 EL Weinbeeren
1 kleiner Apfel
2 EL gekeimte Weizenkörner (Reformhaus)
1-2 TL Honig
1 EL Sonnenblumenkerne

Honig-Müsli, Honig-Möhren-Rohkost, Honig-Quark, Honig-Milch, Honig-Apfelspeise

Rezepte auf Seite 22

2 Pampelmusen
2 EL Honig
2 EL Preiselbeerkompott
1/8 l süße Sahne

Honig-Pampelmuse

Die Pampelmusen halbieren, das Fruchtfleisch vorsichtig mit einem scharfen Messer herauslösen und würfeln. Mit dem Preiselbeerkompott und dem Honig vermischen und alles in die Pampelmusenschalen zurückfüllen. Mit geschlagener Sahne verzieren, die Fruchthälften auf gestoßenes Roheis setzen und gut gekühlt servieren.

Honig-Möhren-Rohkost

500 g Möhren
2 Äpfel
1 EL Honig
1 Zitrone
1 Prise Salz
Pfeffer
Zucker
75 g Haselnüsse
2 Becher Joghurt

Die Möhren putzen und mit den geschälten Äpfeln reiben. Beides mit Honig, Salz, Pfeffer, Zitronensaft und Zucker vermischen und abschmecken. Die Rohkost in Schälchen füllen und mit Joghurt übergießen. Jedes Schälchen mit gehackten Nüssen bestreut anrichten.

Honig-Milch

1 l Milch
4 EL Honig
3 EL Instant-Kakao

Die Milch zum Kochen bringen, etwas abkühlen lassen und noch heiß mit Honig und Kakao vermischen. Diese Mischmilch ist als Morgengetränk oder auch eisgekühlt zu jeder anderen Tageszeit eine Delikatesse.

Honig-Apfelspeise

1 kg Äpfel
3 EL Honig
8 Zwiebäcke
1/4 l süße Sahne

Die Äpfel schälen, vierteln, dämpfen und durch ein Sieb streichen. Wenn Sie die Äpfel mit einem Mixer pürieren, so ist das noch einfacher. Den Honig unter die noch heißen Äpfel ziehen, damit er schmilzt. Das Mus abkühlen lassen und mit steifgeschlagener Sahne unterziehen. Die Zwiebäcke in Dessertschalen oder eine Glasschüssel bröckeln, die Apfel-Sahnemasse darüberfüllen, einige Zeit auf Eis stellen und dann sofort auftragen.

Honig-Müsli

4 EL Honig
4 Eigelb
4 Bananen
4 Becher Joghurt
4 EL Corn-flakes
etwas Zitronensaft

Den Honig mit Eigelb gut verrühren. Die Bananen schälen, in Scheiben schneiden und in vier Schüsselchen geben. Den Joghurt unter die Ei-Honig-Mischung ziehen und die Bananenscheiben damit übergießen. Mit Corn-flakes bestreut sofort servieren. Nach Wunsch kann noch Zitronensaft zugefügt werden.

Vollwert-Müsli

100 g grobe Haferflocken
3/8 l naturtrüber Apfelsaft
75 g ungeschwefelte Aprikosen
2 Orangen
1 Banane
2 Birnen
Saft von 1 Zitrone
1/8 l süße Sahne
4 EL flüssiger Honig
50 g Mandelstifte

Die Haferflocken über Nacht im Apfelsaft einweichen. Die Aprikosen fein würfeln, Orangen in Segmente teilen und die Häutchen abziehen. Die geschälte Banane längs vierteln und würfeln. Die gewaschenen Birnen quer durchschneiden und in dünne Scheiben schneiden. Birnen- und Bananenstücke mit Zitronensaft vermischen. Die Haferflokken mit Aprikosen, Birnen und Banane vermischen, in vier Portionsschälchen verteilen, mit der Sahne übergießen und mit Honig beträufeln. Die Orangenfilets sternförmig darauf verteilen und alles mit Mandelstiften bestreuen.

Trockenfrüchte-Müsli

Je 50 g getrocknete Aprikosen, Apfelringe, Feigen, Rosinen, Datteln
8 getrocknete Pflaumen
1/4 l ungesüßten Apfelsaft
1 EL gehackte Haselnußkerne
Saft von 1 Zitrone
8 EL Vollkorngetreideflocken
2-4 EL flüssigen Honig
etwa 1/2 l Milch oder 4 Becher Joghurt

Am Tag vorher die Früchte kleinschneiden, mit dem Apfelsaft übergießen und über Nacht kühlgestellt einweichen. Am nächsten Tag die Haselnußkerne, den Zitronensaft und die Vollkorngetreideflocken untermischen, dann in vier Müsli-Schälchen verteilen. Honig und Milch oder Joghurt verquirlen und gleichmäßig über das angerichtete Müsli verteilen.

Honig-Quark

250 g Speisequark
einige EL Milch oder Sahne
Saft von 1 Zitrone
Saft von 1 Apfelsine
1-2 EL Honig

Den Speisequark mit der Milch und dem Honig schaumig rühren. Den Zitronen-Apfelsinensaft untermischen und die Quarkspeise abschmecken.

Der Tip

Die Trockenfrüchte können nach Geschmack durch andere Sorten ausgetauscht werden. Statt Apfelsaft können Sie zum Einweichen auch Wasser nehmen.

100 g Haferkörner
1 Tasse Wasser
250 g Birnen
250 g Pflaumen
1 EL Zitronensaft
300 g Joghurt
1 EL Honig
1 Msp. Zimt
2 EL Mandelblättchen

Bircher Müsli

3 EL Haferflocken
3 EL Milch
150 g Äpfel
etwas Zitronensaft
2 EL Honig
1 EL gehackte Nüsse

Die Haferflocken in der Milch kurze Zeit einweichen. Die gewaschenen Äpfel fein reiben und mit Zitronensaft beträufeln, damit sie hell bleiben. Mit der Milch, dem Honig und den Flocken mischen, dann die Nüsse dazugeben. Das Müsli auf vier Teller verteilen und servieren.

Feinschmecker-Müsli

Die Haferkörner entweder im „Getreide-Flocker" zu Flocken verarbeiten und etwa 10 Minuten in Wasser einweichen, oder die ganzen Haferkörner etwa 30 Minuten einweichen und anschließend mit einem Wellholz zerquetschen.
Die Birnen vierteln, das Kerngehäuse entfernen und in Streifen oder Würfel schneiden. Die Pflaumen entkernen und ebenfalls kleinschneiden. Das Obst mit Zitronensaft beträufeln. Alles auf vier Teller verteilen. Nun den Joghurt zusammen mit Honig und Zimt verrühren und darüber geben. Die Mandelblättchen in einer Pfanne ohne Fett anrösten und vor dem Servieren über das Müsli streuen.

Rohkost-Müsli

- *8 EL Vollkornhaferflocken*
- *8 EL Sahne*
- *2-3 Möhren*
- *2 säuerliche Äpfel*
- *Saft von 1/2 Zitrone*
- *250 g Weintrauben*
- *2 Handvoll Sprossen (z. B. Alfalfa)*
- *4-6 EL flüssigen Honig (z. B. Tannen- oder Heidehonig)*
- *etwa 1/2 l Milch oder 4 Becher Joghurt*

siehe Foto rechts

Die Vollkornhaferflocken mit der Sahne übergießen und 2–3 Stunden einweichen. Die Möhren schälen und raspeln, die Äpfel gründlich waschen und ebenfalls raspeln. Mit den Möhren locker mischen und mit dem Zitronensaft beträufeln. Die Weintrauben waschen, gut abtropfen lassen und halbieren (falls nötig, die Kerne entfernen). Die Sprossen mit kaltem Wasser abbrausen und auf ein Sieb zum Abtropfen geben. Die Vollkornhaferflocken unter die Möhren-Apfelmasse mischen und dekorativ auf einem tiefen Teller anrichten. Die Weintrauben und Sprossen darüber verteilen. Den Honig mit der Milch oder dem Joghurt verrühren und über das Müsli gießen. Aus 1 1/2 EL Alfalfasamen erhalten Sie 3 Tassen Sprossen. Ernten kann man die Sprossen nach 5 Tagen. Einfach und schnell geht das in einem Keimgerät. Alfalfa ist reich an Vitamin A, C, D und E. Dazu kommt viel hochwertiges Eiweiß. Eine Tasse Alfalfakeimlinge enthält so viel Vitamin C wie 12 Gläser Orangensaft.

Porridge mit Bananen, Äpfeln und Nüssen

- *120 g Vollkornhaferflocken*
- *1 Prise Salz*
- *1/8 l Milch*
- *3/4 l Wasser*
- *2 mittelgroße Bananen*
- *2 säuerliche Äpfel*
- *1 Orange*
- *150 ml Sahne*
- *2 EL Honig*
- *75 g Rosinen*
- *75 g gehackte Nußkerne*

Die Haferflocken mit dem Salz, der Milch und dem Wasser aufkochen und zugedeckt bei geringer Wärmezufuhr 10 Minuten köcheln lassen. Dabei häufig umrühren. Die Bananen in Stücke schneiden. Die Äpfel vierteln, die Kerngehäuse entfernen und die Äpfel grob raspeln. Die Orange schälen und in Stücke schneiden. Den Porridge in Suppenteller geben, das Obst darauf verteilen. Die Sahne halbsteif schlagen und darübergießen. Mit dem Honig beträufeln, die Rosinen und die Nüsse darüberstreuen.

Hagebutten-Honig-Aufstrich

300 g Hagebuttenmark (ungezuckert)
250 g Honig

Das Hagebuttenmark und den Honig in einem Mixer oder mit dem Handrührgerät so lange verrühren, bis sich beide Zutaten gleichmäßig vermengt haben. In Gläser abfüllen und im Kühlschrank aufbewahren. Ein sehr feiner Brotaufstrich mit vielen Vitaminen!

Honig-Joghurt

4 Becher Sahne-Joghurt
3 Orangen
1 Zitrone
30 g Zucker
3 Eigelb
2-3 EL Honig

Den Joghurt in eine Schüssel füllen. Zwei Orangen und die Zitrone auspressen und den Saft mit dem Schneebesen unter den Joghurt schlagen. Zucker, Eigelb und Honig unterrühren. Die dritte Orange schälen, in vier Scheiben schneiden und den Honig-Joghurt damit garnieren.

Orangen-Marmelade

500 g unbehandelte Orangen
4 EL Honig (am besten Rapshonig)
1 unbehandelte Zitrone
1 TL Agar-Agar (Reformhaus)
1/8 l Wasser

Die Orangen bis auf das Fruchtfleisch abschälen. Ein ca. 4 Zentimeter breites Schalenstück in sehr feine Streifen schneiden und beiseite stellen. Danach über einer Schüssel die Orangenfilets mit einem scharfen Messer aus den Häuten trennen und die Filets mit dem Saft im Mixer pürieren. Den Honig zugeben und gut verrühren. Die Zitrone auspressen und von der Schale ebenfalls ein Stück in feine Streifen schneiden. Das Orangenpüree mit Zitronensaft abschmekken und die Orangen- und Zitronenschalen-Streifen unterrühren. Das Agar-Agar mit wenig Wasser anrühren. Das restliche Wasser in einem kleinen Topf erhitzen, das angerührte Agar-Agar zufügen und einmal aufkochen, dann etwas abkühlen lassen, zu den Orangen geben und alles noch einmal gut durchrühren. Die Marmelade im Kühlschrank über Nacht fest werden lassen.

150 g Grünkern
1/4 l Wasser
8 frische Litschi
1 frische Mango
1 Avocado
1 Karambola (Sternfrucht)
1 aromatische Melone
4 EL flüssigen Honig (z. B. Akazienhonig)
4 EL Sahne
Zitronensaft
Orangensaft
40 g geröstete Pinienkerne
etwa 3/8 l Milch

Exotisches Früchte-Müsli

Grünkern am Tag vorher grob schroten oder schroten lassen und im Wasser über Nacht kühlgestellt einweichen. Die harte Schale von den Litschis entfernen. Die Mango schälen, das Fruchtfleisch vollkommen vom Kern lösen und in feine Streifen schneiden. Die Avocado halbieren, den Kern entfernen und das Fruchtfleisch mit einem Teelöffel in kleinen Stückchen aus der Schale lösen und leicht mit Zitronensaft beträufeln. Karambola waschen, abtrocknen und in hauchdünne Scheiben schneiden. Die Melone halbieren, entkernen und das Fruchtfleisch mit einem Kugelausstecher aus der Schale lösen. Alle Obstsorten auf vier großen, flachen Tellern dekorativ als Ring anrichten. Den Grünkern in die Mitte setzen. Honig und Sahne in einen Schüttelbecher geben und verquirlen. Die Sauce fein mit Zitronensaft und Orangensaft abschmecken, dann gleichmäßig über dem Müsli verteilen und mit den Pinienkernen bestreuen. Die Milch getrennt in einer Karaffe dazu reichen.

Hafermüsli mit Banane

(Für 1 Portion)

Die Banane schälen, in Scheiben schneiden und den gewaschenen Apfel grob raffeln. Die Müsli-Mischung mit der Milch oder dem Joghurt verrühren. Die Banane und den Apfel locker unterheben und mit dem Honig süßen.
Für die Müslimischung:
150 g Vollkornhaferflocken mit 2 EL Rosinen und 2 EL gehackten Haselnüssen vermischen und in einem Schraubglas aufbewahren.

1/3 Müsli-Mischung
1 mittelgroße Banane
1 Apfel
1/8 l Milch oder
1 Becher Joghurt
2 TL Honig

Himbeer-Konfitüre

Die Aprikosen in kleine Stücke schneiden, mit dem Zitronensaft beträufeln und etwa eine Stunde ziehen lassen, dann im Mixer fein pürieren. Die Himbeeren verlesen, waschen, zu den Aprikosen geben und ebenfalls pürieren. Zum Schluß den Honig zufügen und alles im Mixer noch einmal gut verquirlen. Die Himbeer-Konfitüre hält sich gut verschlossen im Kühlschrank mindestens eine Woche.

50 g getrocknete Aprikosen
Saft von 1 Zitrone
500 g Himbeeren
2 EL Rapshonig

Geschmorte Beinscheiben in Honig-Soja-Marinade

Das Rezept dazu auf Seite 35

Hauptgerichte

Reiscurry mit Honig-Aprikosen

Reis waschen und in knapp 1/2 l Salzwasser bei schwacher Hitze in etwa 30 Minuten im geschlossenen Topf ausquellen lassen. Inzwischen Schalotten pellen und in Achtel schneiden. Die Butter zerlassen, die Schalotten darin etwa 10 Minuten zugedeckt dünsten. Aprikosen waschen, entsteinen und in Streifen schneiden. Zu den Zwiebeln geben und alles weitere 5 Minuten dünsten. Curry über Schalotten und Aprikosen streuen und den Honig unterziehen. Alles leicht erwärmen. Den heißen Reis unterheben, das Gericht mit Curry abschmecken und zugedeckt einige Minuten ziehen lassen. Sonnenblumenkerne und Sesam in einer Pfanne ohne Fett hellbraun rösten und über das Gericht streuen. Mit Blättchen von der Zitronenmelisse bestreuen.

250 g Langkorn-Vollreis
Vollmeersalz
200 g Schalotten
75 g Butter
400 g frische Aprikosen
2 EL milder Curry
3 EL Honig (am besten schmeckt Lindenblütenhonig)
40 g Sonnenblumenkerne
20 g Sesamsaat
3 Zweige Zitronenmelisse

1 Huhn (ca. 1.200 g)
30 g Korinthen
50 g Pistazien
10 g Butter
130 g Reis
Salz
weißer Pfeffer
je 1 Prise gemahlener Zimt und Nelkenpulver
3/8 l Wasser
3 EL Honig
4 EL Butterschmalz
1/4 l heiße Fleischbrühe

Huhn gefüllt

Das Huhn innen und außen abspülen und trockentupfen (Innereien entfernen, Leber und Herz beiseite legen). Für die Füllung die Korinthen auf einem Sieb abspülen, die Pistazien in eine Schüssel geben, mit kochendem Wasser begießen. 5 Minuten stehen lassen, dann die Haut abziehen. Die Pistazien trocknen lassen, anschließend grob hacken. Leber und Herz von Haut und Röhren befreien und die Innereien zerkleinern. Die Butter zerlassen, Innereien darin unter Wenden anbraten. Den Reis abspülen und abtropfen lassen. Korinthen, Pistazien, Reis und Gewürze zu den Innereien geben. Mit Wasser aufgießen, aufkochen lassen, dann 20 Minuten bei ganz geringer Hitze quellen lassen. Das Huhn innen und außen mit Salz einreiben. Die Füllung mit dem Honig mischen, in das Huhn geben und zunähen. Butterschmalz in einem Bräter erhitzen und das Huhn darin rundherum anbraten, die Fleischbrühe zugießen und das Huhn zugedeckt 30 Minuten schmoren lassen. Dann herausnehmen und die Fäden entfernen. Das Huhn auf einer vorgewärmten Platte anrichten, evtl. halbieren.
Dazu paßt: Fenchel-Gurken-Salat mit Feldsalat, gemischt in einer Joghurt-Kräuter-Marinade.

Der Tip

Überschüssige Füllung in feuerfestes Töpfchen füllen und 15–20 Minuten bei Mittelhitze im Ofen backen.
Als Beilage servieren.

Honig-Ente

- 1 bratfertige Ente (ca. 1.800 g)
- Salz
- weißer Pfeffer
- 250 g Langkornreis
- 1 mittelgroße Zwiebel
- je 1 kleine rote und grüne Paprikaschote
- 1 kleine Stange Porree
- 1 EL Butter
- 3 EL Honig
- 1/2 TL Ingwerpulver
- 250 g Sojabohnensprossen

Die Ente innen und außen abspülen und trockentupfen. Mit Salz und Pfeffer einreiben. Den Reis nach Pakkungsanweisung in Salzwasser garen. Die geschälte Zwiebel feinhakken, Paprikaschoten und Lauch putzen, waschen, Paprika würfeln und Lauch in feine Streifen schneiden. Die Butter in einem Topf erhitzen und das Gemüse darin bei kleiner Hitze andünsten. Mit dem abgetropften Reis mischen, 2 Eßlöffel Honig unterheben und mit Salz, Pfeffer und Ingwer würzen. Die Ente mit der Hälfte der Füllung füllen und zunähen. Die restliche Füllung warmstellen. Die Ente mit der Brust nach unten auf den Grillrost legen, die Fettpfanne darunterschieben, in den vorgeheizten Backofen setzen und bei 200 Grad etwa 90 Minuten braten. Wenn der Rücken gebräunt ist, die Ente an den Keulen und unter der Brust vorsichtig einstechen, damit das Fett herausbrät. Etwas Wasser in die Fettpfanne geben. Nach 70 Minuten die Temperatur für 10 Minuten auf 250 Grad erhöhen, mit etwas Salzwasser bestreichen, damit die Haut knusprig wird. Dann den restlichen Honig darübergeben und nochmals 10 Minuten bräunen.
Die Ente aus dem Ofen nehmen, den herausgelaufenen Bratfond in ein Töpfchen geben; evtl. mit etwas Brühe auffüllen und mit den Gewürzen abschmecken. Die restliche Reisfüllung mit den abgespülten und geputzten Sojabohnensprossen mischen und zur Ente servieren.
Dazu paßt: Salat aus Chinakohlblättern in einer Kräuter-Sahnesauce.

Schweinefilet mit Honig-Glasur

- 2 Schweinefilets (je ca. 400 g)
- 50 g Zwiebeln
- 1 Knoblauchzehe
- 1 EL Speiseöl
- 1/4 l Tomatenketchup
- 1/8 l Essig
- 1/8 l Honig
- 2 EL Sojasauce
- 1/2 TL Ingwerpulver
- 1 Spritzer Tabasco
- Salz
- Pfeffer

Die Zwiebeln und den Knoblauch schälen, feinhacken und im erhitzten Öl glasig dünsten, alle anderen Zutaten hinzufügen, aufkochen und bei kleiner Flamme dicklich einkochen lassen. Eine extra-starke Alufolie auf den Grill legen. Die Schweinefilets mit der Glasur bestreichen und etwa 20 Minuten grillen. Die Filets häufig wenden und wiederholt mit der Honigglasur bestreichen.

4 Steaks
2 EL Öl
2 EL Honig
Pfeffer
Salz
100 g Butter
2 EL grüne Pfefferkörner (Glas)
1/8 l süße Sahne

Honigsteak

Öl mit Honig, Pfeffer und Salz verrühren und die Steaks von beiden Seiten damit bestreichen. 20 Minuten einziehen lassen. Die Butter in einer Pfanne schmelzen und die Steaks rasch von beiden Seiten braten. Den Bratensatz mit Sahne löschen, die Pfefferkörner zugeben, Steaks einmal wenden und servieren.

Hase in Honig-Sauce

Den Hasen in vier Teile zerteilen. Das geputzte Gemüse in große Stücke schneiden. Eine Zwiebel und die Knoblauchzehen schälen und grob hacken. Fleisch, Gemüse, Kräuter und Gewürze in eine große Schüssel mit Deckel oder einen Topf geben. So viel Rotwein angießen, daß das Fleisch bedeckt ist. Im geschlossenen Topf über Nacht marinieren.

Den Speck in Würfel schneiden und die zweite geschälte Zwiebel feinhacken. Das Fleisch aus der Marinade nehmen, mit Haushaltspapier trockentupfen und mit Salz einreiben. In einem Bräter das Fett erhitzen und das Fleisch darin rundum anbraten. Die Speckwürfel und die Zwiebel hinzufügen und mitbraten. Etwas Marinade angießen und das Fleisch bei mäßiger Hitze etwa 45 Minuten schmoren lassen. Anschließend herausnehmen und warmstellen. Die Sauce durch ein Sieb gießen, den Honig mit dem Cognac verrühren und in die Sauce geben. Mit Salz und Pfeffer abschmecken, nach Wunsch mit Crème fraîche etwas eindicken. Das Fleisch wieder in den Topf geben und kurz erhitzen.
Dazu paßt: Karamelisierte Zwiebeln, Preiselbeeren und Weißbrot.

1 küchenfertiger Hase
2 Möhren
1 Stück Sellerieknolle
2 Zwiebeln
2 Knoblauchzehen
einige Zweige Petersilie, Rosmarin und Thymian
1 Lorbeerblatt
3-5 Wacholderbeeren
2 Nelken
2 Stücke Zimt
1-1,5 l trockener Rotwein
Salz
80 g Speck
50 g Butterschmalz
1-2 EL Honig (Tannenhonig oder Waldhonig)
4 cl Cognac oder Weinbrand
frisch gemahlener Pfeffer
Crème fraîche

1 Gans (ca. 5 kg)
Salz
Pfeffer
500 g säuerliche Äpfel
40 g Butter
40 g Rosinen
40 g Korinthen
2 EL Honig
1 kg Rotkohl
6-8 EL Essig
Salz
1 EL Honig
1 Zwiebel
1 Lorbeerblatt
3 Gewürznelken
200 g Maronen
40 g Butter
1 EL Honig
1/4 l Fleischbrühe

Gans nach Mecklenburger Art

Die Gans mit kaltem Wasser abspülen, innen und außen abtrocknen und mit Salz und Pfeffer einreiben. Die Äpfel schälen, vierteln, Kerngehäuse ausschneiden und die Äpfel in einer Pfanne in zerlassener Butter schwenken. Rosinen und Korinthen mit 1/4 Liter Wasser überbrühen, abtropfen lassen und das Wasser auffangen. Rosinen und Korinthen mit den Äpfeln mischen, die Gans mit der Mischung füllen und zunähen. In eine große, leicht gefettete Pfanne legen und mit dem noch heißen Wasser übergießen. Im auf 200 Grad vorgeheizten Ofen 90 bis 120 Minuten braten, dabei ab und zu mit

dem Bratenfond begießen. Die Gans mit dem Honig bestreichen und nochmals 30 Minuten unter mehrmaligem Begießen fertigbraten.
Rotkohl säubern, vierteln und streifig schneiden. 4 Eßlöffel Gänsefett vom Braten in einen Topf geben, den Rotkohl darin anschmoren lassen, mit 1/8 Liter Wasser sowie Essig übergießen, etwas Salz überstreuen und den Honig unterrühren. Die Zwiebel schälen und mit Lorbeerblatt und Nelken spicken, in den Kohl geben und etwa 70 Minuten garen lassen. Nach etwa 50 Minuten die Zwiebel entfernen, die Apfelviertel auf dem Kohl heiß werden lassen. Die Gans auf dem Rotkohl anrichten.
Während der Garzeit von Gans und Rotkohl die Maronen zubereiten. Dazu die Maronen kreuzweise einschneiden, 15 Minuten in Wasser kochen und schälen. Die Butter auflösen, den Honig unterrühren, die Maronen darin schwenken und mit heißer Fleischbrühe begießen. 15 Minuten leicht kochen lassen. Die Gans mit den Maronen und evtl. einigen frischen Apfelstückchen garniert servieren.

Geschmorte Beinscheiben in Honig-Soja-Marinade

4 Beinscheiben vom Rind à 300 g
2 Zwiebeln
3 Knoblauchzehen
1 kleine Dose Tomaten
1/4 l trockenen Rotwein
1/8 l Sojasauce
10 EL Honig
1 Msp. Salz
1 Msp. Pfeffer
4 EL Öl
500 g Möhren

Die Beinscheiben waschen, trokkentupfen und am Rand einschneiden. Zwiebeln und Knoblauch schälen, die Zwiebeln hacken, die Knoblauchzehen durch die Knoblauchpresse drücken, die Tomaten durch ein Sieb passieren. Alle drei Zutaten mit den restlichen Marinadenzutaten verrühren und das Ganze über die Beinscheiben geben. Mindestens 5 Stunden durchziehen lassen, dabei öfter wenden. Anschließend herausnehmen und gut trokkentupfen. In einem Bräter Öl erhitzen und die Beinscheiben darin anbraten. Mit der Marinade ablöschen und zugedeckt etwa 1 1/2 Stunden bis 2 Stunden schmoren. Die Möhren waschen, putzen, in Streifen schneiden und etwa 15 Minuten mitgaren. Die Sauce evtl. mit Saucenbinder binden und abschmecken.
Dazu paßt: Spaghetti oder Reis sowie ein gemischter Salat.

Der Tip

Statt der Beinscheiben vom Rind können Sie für dieses Gericht auch 4 Scheiben Kalbshaxe verwenden.

Hirseplätzchen mit glasiertem Frühlingsgemüse

Für die Plätzchen:
1 EL Kleehonig
10 g frische Hefe
1/8 l lauwarme Milch
100 g gemahlene Hirse
1 Ei
1 Eigelb
2 EL gehackte gemischte Kräuter
2 EL Sesamsamen
Meersalz
frisch gemahlener, schwarzer Pfeffer
3 EL Öl
Für das Gemüse:
200 g Kohlrabi
200 g Möhren
100 g Frühlingszwiebeln
3 EL Butter oder Margarine
Kräutersalz
schwarzer Pfeffer aus der Mühle
4 EL Akazienhonig

Den Honig und die zerbröckelte Hefe in der lauwarmen Milch auflösen, dann die Hirse unterrühren. Ei, Eigelb, gemischte Kräuter, Sesamsamen, Salz und Pfeffer zugeben, vermengen und alles zugedeckt etwa 20 bis 30 Minuten gehen lassen. Anschließend aus der Hirsemasse mit einem Eßlöffel kleine Portionen abstechen und in heißem Öl in einer beschichteten Pfanne daraus Hirseplätzchen backen. Auf Küchenkrepp abtropfen lassen. Für das Gemüse Kohlrabi, Möhren und Zwiebeln schälen und putzen. Kohlrabi und Möhren in feine Stifte schneiden, die Zwiebeln halbieren. In heißem Fett etwa 15 Minuten andünsten, mit Kräutersalz und Pfeffer würzen. Den Akazienhonig über das Gemüse gießen, dabei das Gemüse in der Pfanne hin und her schwenken, damit sich der Honig gleichmäßig verteilt.

- 150 g Weizenvollkornmehl
- 1/4 l Milch
- Meersalz
- 1 Prise Muskat
- 4-5 Eier
- Kokosfett zum Braten
- 20 g Butter
- 4-5 Frühlingszwiebeln oder 2 Lauchstangen
- 200 g Sojasprossen
- 2 rote Paprikaschoten
- 1 TL Honig
- Kreuzkümmel
- 2 EL Sojasauce
- 4 EL geriebener Käse

Pfannkuchen mit Sprossen

Weizenvollkornmehl, Milch, Salz, Muskat und Eier zu einem glatten Teig verrühren und etwa 20 Minuten quellen lassen. Inzwischen die Butter in einem Topf erhitzen, die feingeschnittenen Frühlingszwiebeln oder den Lauch darin goldgelb dünsten. Die abgespülten Sojasprossen und die in feine Streifen geschnittene Paprika zugeben und etwa 10 Minuten bei geringer Hitzezufuhr dünsten. Mit Honig, Salz, etwas Kreuzkümmel und Sojasauce abschmecken. In heißem Kokosfett vier große Pfannkuchen braten, anrichten und die Sprossen darauf verteilen. Mit geriebenem Käse bestreuen und servieren.

Glasierte Schweinerippchen

Die Rippchen schon vom Fleischer in Stücke von je 4 Rippchen teilen lassen. Die Rippchen mit einem Tuch abreiben und das Fleisch zwischen den Knochen um zwei Drittel einschneiden. Die Rippchen in eine flache Schüssel legen. Den Ingwer schälen, in kleinere Stücke schneiden und durch die Knoblauchpresse den Saft in ein Stieltöpfchen pressen. Die Zitrone auspressen und den Saft hinzufügen. Die Sojasauce, den Mirin, den Honig, das Tomatenketchup und das Sambal Oelek in den Topf geben und unter Rühren einmal aufkochen, dann heiß über die Rippchen gießen und

- 2 kg magere Schweinerippchen
- 1 großes Stück frischer Ingwer
- 1 Zitrone
- 6 EL Sojasauce
- 3 EL Mirin (süßer Reiswein zum Kochen, ersatzweise halbtrockener Sherry)
- 3 EL fester Honig
- 2 EL Tomatenketchup
- 1 TL Sambal Oelek (scharfe Pfefferpaste)

diese 30–60 Minuten marinieren, dabei häufig umwenden.
Anschließend die Rippchen in eine Grillschale legen, nochmals mit Marinade bestreichen und über der Holzkohle langsam 15–20 Minuten grillen. Dabei ein- bis zweimal wenden und mit der Marinade einpinseln.
Dazu paßt: Folienkartoffeln

Schinken im Honigmantel

ca. 1,5 kg mildgepökelter Schinken mit Schwarte
2 Karotten
1 Stück Sellerie
1 Stange Lauch
1 1/2 l helles Bier
4 EL dickflüssiger Honig
1 EL gemahlener Ingwer
2 EL feingehackter, eingelegter Ingwer

Den Schinken in einen großen Topf geben und mit dem Bier bedecken. Karotten, Sellerie und Lauch putzen, waschen, kleinschneiden und zufügen. Den Inhalt zum Kochen bringen, dann die Hitze reduzieren und den Schinken im zugedeckten Topf 50 Minuten langsam kochen lassen. Den Schinken in der Brühe abkühlen lassen, dann die Schwarte abziehen. Das Fett in gleichmäßigen Abständen kreuzweise mit einem scharfen Messer einschneiden. Den Honig mit dem gemahlenen sowie feingehacktem Ingwer gut verrühren und auf den Schinken streichen. In einen Bräter legen und im vorgeheizten Backofen bei 200 Grad etwa 40 – 50 Minuten backen.

Nudelpfanne mit Lauch und Paprika

Die Nudeln in reichlich Wasser mit Meersalz 8–10 Minuten kochen. Die Zwiebeln in Würfel schneiden. Das Gemüse waschen, die Paprikaschoten entkernen, ebenfalls würfeln und den Lauch in ca. 2 cm breite Streifen schneiden. Dann das Gemüse in Pflanzenöl andünsten, mit Gemüsebrühe auffüllen und etwa 5 Minuten garen. Mit Honig, Obstessig, Meersalz und schwarzem Pfeffer abschmecken und mit den abgetropften Nudeln vermischen. Vor dem Servieren mit leicht angeröstetem Sesam bestreuen und mit Petersilie garnieren.

250 g Vollkornnudeln
Meersalz
2 mittelgroße Zwiebeln
je 1 rote und gelbe Paprikaschote
1 Stange Lauch
2 EL kaltgepreßtes Sonnenblumenöl
3-4 EL Gemüsebrühe
1 EL Honig
1 EL Obstessig
schwarzer Pfeffer aus der Mühle
2 EL Sesam
glatte Petersilie

Steak – argentinisch

Für die Sauce:
- *80 g durchwachsener Speck*
- *je 1 rote und grüne Paprikaschote*
- *1 kleine Dose Maiskörner*
- *2 EL Pflanzenöl*
- *2 EL Tomatenketchup*
- *1/8 l Weißwein*
- *Salz*
- *weißer Pfeffer*
- *3 EL Honig*
- *1 Bund Petersilie*

Außerdem:
- *4 Filetsteaks (je 200 g)*
- *2 EL Butterschmalz*
- *Salz*
- *weißer Pfeffer*

Für die Sauce den Speck und die geputzten Paprikaschoten in dünne Streifen schneiden. Das Öl in einem Topf erhitzen, die Speckstreifen darin glasig werden lassen. Die Paprikastreifen und abgetropften Maiskörner zufügen. Tomatenmark, Honig und Weißwein verquirlen und unter Rühren in den Topf geben. Mit Salz und Pfeffer würzen, etwa 3 Minuten köcheln lassen, anschließend warmstellen.

Die Petersilie feinhacken. Die Steaks trockentupfen, das Butterschmalz erhitzen und die Steaks darin von jeder Seite 3–4 Minuten braten. Herausnehmen, würzen und auf einer vorgewärmten Platte anrichten. Die Sauce mit dem Gemüse darübergeben, mit Petersilie bestreuen und servieren.

Dazu paßt: Kartoffeln in Folie oder Stangenweißbrot und gemischter Salat.

Überbackener Kürbis

- *1 kg gelber Kürbis*
- *Meersalz*
- *schwarzer Pfeffer aus der Mühle*
- *Saft von 1/2 Zitrone*
- *1 rote Paprikaschote*
- *1 Zwiebel*
- *30 g Butter oder Margarine*
- *1/8 l Gemüsebrühe (Instant)*
- *1/2 TL getrockneter Thymian*
- *1-2 TL Waldhonig*
- *200 g körniger Frischkäse*
- *Fett für die Auflaufform*
- *1 Bund Petersilie*

Kürbis wie eine Melone in Segmente teilen. Die Segmente schälen, dann die Fasern und Kerne herauskratzen. 1 Eßlöffel der Kerne aufheben. Das Kürbisfleisch würfeln, mit Salz und Pfeffer bestreuen und mit Zitronensaft beträufeln. Die geputzte Paprikaschote und die geschälte Zwiebel in Würfel schneiden. Das Fett in einem Topf zerlassen. Zwiebel und Paprika darin andünsten. Kürbisfleisch, Gemüsebrühe, Thymian und Honig zugeben. Im offenen Topf etwa 20 bis 30 Minuten garen, bis die Flüssigkeit so gut wie verdampft ist. Mit Salz und Pfeffer würzen, dann den Frischkäse unterheben. Alles in eine gefettete Auflaufform füllen und im vorgeheizten Backofen bei 200 Grad auf der mittleren Schiene etwa 30 bis 40 Minuten überbacken. Die Kürbiskerne in einer Pfanne rösten und vor dem Servieren mit der gehackten Petersilie auf den Auflauf streuen.

Lammkarree mit Kiwi-Honigsauce

(für 6 Portionen)

1,2 kg Lammkarree
Salz
Pfeffer
50 g Butterschmalz
Für die Sauce:
6 Kiwis
2,2 dl Weißwein
1 1/2 EL Essig
30 g Butter
4 Knoblauchzehen
1 1/2 EL Tomatenmark
3 EL Bienenhonig
15 g Butterflocken
Salz
Cayennepfeffer

Die Kiwifrüchte schälen. Eine Frucht in kleine Stücke schneiden und mit einer Gabel ganz fein zerdrücken. Mit der Hälfte des Weißweins und dem Essig vermischen.
Das Lammkarree salzen und pfeffern. Im vorgeheizten Backofen im Butterschmalz bei 250 Grad ca. 12–14 Minuten rosa braten. Zum Ruhen auf ein Abtropfgitter setzen. Den durchgepreßten Knoblauch und das Tomatenmark in die zerlaufene Butter geben, einige Sekunden dünsten, dann mit dem restlichen Weißwein ablöschen. Den Honig zufügen und die Sauce um die Hälfte einkochen lassen. Mit dem Kiwipüree mischen und aufkochen. Die kalte Butter in kleinen Stücken nach und nach beifügen und mit einem Holzlöffel stark rühren. Die Butter soll ganz in die Sauce eingearbeitet werden. Nach Bedarf mit Salz und wenig Cayennepfeffer nachwürzen. Das Lammkarree aufschneiden, auf Teller legen und mit der Sauce umgießen. Mit den restlichen, in Scheiben geschnittenen Kiwifrüchten garnieren.

Der Tip

Mit der gleichen Sauce lassen sich auch Rehsteaks und Filetsteaks vom Rind anrichten.

Schweinefleisch-Rouladen

Die Schnitzel kurz waschen und trockentupfen. Für die Füllung die Pflaumen fein würfeln. Die Äpfel schälen und raspeln, mit Zitronensaft und 3 Eßlöffel Honig mischen.
Die Schnitzel salzen, pfeffern und mit 1–2 Eßlöffel Honig bepinseln. Die Füllung darauf verteilen, aufrollen, feststecken und rundherum in heißem Öl kräftig bräunen. Die Brühe angießen, dann zugedeckt etwa 40 Minuten schmoren lassen. Die Rouladen herausnehmen, den Bratfond evtl. mit Saucenbinder binden und abschmecken. Die Rouladen in der Sauce servieren.

4 dünne Schweineschnitzel
Salz
Pfeffer
4-5 EL Honig
250 g Kurpflaumen
3 Äpfel
1-2 EL Zitronensaft
3 EL Öl
3/8-1/2 l Instant-Brühe
Saucenbinder

Hähnchenkeulen à la Catalana

Das Gemüse putzen. Die Paprikaschoten in Streifen schneiden, die Champignons vierteln und die Zwiebeln feinhacken. Den Knoblauch schälen und mit etwas Salz zerdrükken. Die Hähnchenkeulen mit grobem Salz einreiben.
Das Öl in einem Bräter erhitzen und das Fleisch rundherum anbraten.
Herausnehmen und beiseite stellen. Die Zwiebeln und den Knoblauch in dem Topf andünsten. Das Gemüse hinzufügen und ebenfalls andünsten. Den Rotwein und den Sherry angießen, mit Salz, Paprika, Essig, Honig und Tabasco scharf und süßsauer würzen. Das Fleisch wieder in den Topf geben und zugedeckt ca. 20 Minuten schmoren. Dabei einmal umdrehen und wenn nötig, noch etwas Wasser oder Rotwein angießen. Vor dem Servieren mit den grob zerkleinerten Erdnüssen bestreuen.
Dazu paßt: Weißbrot oder Reis

- *je 1/2 rote und grüne Paprikaschote*
- *100 g kleine Champignons*
- *1 große Zwiebel*
- *2 Knoblauchzehen*
- *8 Hähnchenkeulen*
- *Salz*
- *4-6 EL feines Olivenöl*
- *ca. 1/4 l trockener Rotwein*
- *2 cl trockener Sherry*
- *1-2 EL Essig oder Zitronensaft*
- *1-2 EL Honig (am besten eignet sich Heidehonig)*
- *Paprika edelsüß*
- *1 Spritzer Tabascosauce*
- *2 EL geröstete Erdnüsse*

Marinierte Putenkeulen

Für die Marinade die geschälten, kleingehackten Zwiebeln, den Honig, Weißwein sowie die Gewürze und die ausgepreßte Knoblauchzehe in einem Topf gut verrühren. Die Marinade leicht erwärmen, vom Herd nehmen, die Putenkeulen einlegen und über Nacht darin ziehen lassen. Dann die Keulen herausnehmen, in eine feuerfeste Form oder in einen Römertopf legen, mit Öl einpinseln und im vorgeheizten Backofen bei 200 Grad ca. 60–70 Minuten braten. Dabei nach und nach die Marinade löffelweise zufügen und die Keulen ab und zu wenden. In den letzten 10 Minuten das Fleisch mit der Butter einpinseln. Die fertigen Keulen aus dem Sud nehmen und das Fleisch von den Knochen lösen und warmstellen. Die Marinade mit dem Pürierstab zu einer glatten Sauce verarbeiten, abschmecken und eventuell mit saurem Rahm und nach Belieben etwas Mehl eindicken.

- *2 Putenkeulen*
- *2 EL Öl*
- *20 g Butter*
- *Für die Marinade:*
- *1/8 l Weißwein*
- *2 Zwiebeln*
- *1 Knoblauchzehe*
- *3-4 EL Honig*
- *1 EL Rosenpaprika*
- *1 EL Curry*
- *Cayennepfeffer*
- *Pfeffer*
- *Salz*

200 g Langkorn-Vollreis
3 EL Sesamkörner
4 ausgelöste Entenbrüste ohne Knochen
Vollmeersalz
Pfeffer aus der Mühle
5 EL Öl zum Braten
200 g Porree
200 g Zucchini
Für die Sauce:
1/8 l Sojasauce
1/8 l Geflügelfond (aus dem Glas)
4 EL Kalbsfond
50 g eiskalte Butterwürfel
6-8 EL Honig (Am besten schmeckt Waldhonig)

Entenbrust mit Honig-Sojasauce

Vollkornreis in knapp 1/2 Liter Salzwasser bei geringer Hitze in etwa 30 Minuten im zugedeckten Topf ausquellen lassen. Sesamkörner in einer Pfanne ohne Fett rösten, unter den Reis mischen und warmstellen. Die Entenbrüste in feine Streifen schneiden. Mit Salz und Pfeffer würzen und im heißen Öl anbraten. Porree und Zucchini putzen, waschen und in feine Streifen schneiden. Das Gemüse zu den Entenbruststreifen geben und etwa 1–2 Minuten unter Rühren anschmoren, dann ebenfalls warmstellen.
Für die Sauce Sojasauce, Geflügel- und Kalbsfond in einem Topf bei starker Hitze reduzieren. Butterwürfel unter ständigem Schlagen mit einem Schneebesen nach und nach in die Sauce geben. Zum Schluß den Honig unterrühren, jetzt nicht mehr kochen lassen. Reis, Entenbruststreifen und Gemüse dekorativ auf einem Teller anrichten und mit der Honig-Sojasauce überziehen oder getrennt dazu reichen.

Gemüsetopf im „Sommer"

2 große Gemüsezwiebeln
4-6 Knoblauchzehen
ca. 1,5 kg Gemüse (Paprika, Zucchini, Tomaten, evtl. Gurken, Champignons, Auberginen, Blumenkohl usw.)
4 EL Olivenöl
1/4 l Gemüsebrühe
Meersalz
schwarzer Pfeffer aus der Mühle
Kurkuma oder Safran
1 EL Honig
1 Bund glatte Petersilie oder Thymian
3-4 EL gekeimte Weizenkörner

Die geschälten Zwiebeln in Scheiben schneiden und die Knoblauchzehen zerdrücken. Das geputzte Gemüse, je nach Sorte, in Streifen oder Achtel schneiden und alles zusammen in heißem Olivenöl andünsten. Mit der Gemüsebrühe aufgießen und mit Salz, Pfeffer, Kurkuma oder Safran und Honig würzen. Im geschlossenen Topf ca. 15 Minuten garen. Dann die gehackte Petersilie und die gekeimten Körner zugeben und unterrühren.
Der Gemüsetopf läßt sich mit Crème fraîche noch verfeinern.

Schweinefleisch süß-sauer

- 600 g Schweinefleisch (Keule)
- 1/2 TL Instant-Brühe
- 1 Ei
- Salz
- 5 EL Speisestärke
- 1 EL Mehl
- 5 EL Öl
- 1 grüne Paprikaschote
- 100 g Möhren
- 1 Knoblauchzehe
- 1/4 l Fleischbrühe
- 2 EL Honig
- 5 EL Sojasauce
- 3 EL Weinessig

Das Schweinefleisch in kleine Würfel schneiden. Instant-Brühe, Ei, Salz, 4 Eßlöffel Speisestärke, Mehl und einen Eßlöffel Wasser gut verrühren, 5 Minuten quellen lassen, dann die Fleischwürfel darin wenden. Portionsweise in heißem Öl bei mittlerer Hitze unter wenden 8 Minuten knusprig braten. Die Fleischwürfel auf Küchenpapier abtropfen lassen und warmstellen.
Paprikaschotenwürfel, Möhrenstifte und zerdrückte Knoblauchzehe im restlichen Öl andünsten. Mit Brühe aufgießen und 3 Minuten kochen lassen. Honig, Sojasauce, Weinessig und restliche Speisestärke verrühren. Zum Gemüse geben und einmal aufkochen lassen. Das Gemüse über das Fleisch geben und servieren.
Dazu paßt: Reis

Gebratene Hähnchenbrust

- 4 Hähnchenbrustfilets
- Salz
- Edelsüßpaprika
- 40 g Butter oder Margarine
- 6 Orangen
- 3 EL Weinbrand
- 1/4 l Fleischbrühe
- 8 EL Honig
- 2 TL Speisestärke

Hähnchenfleisch kurz waschen und mit Küchenpapier trockentupfen. Die Orangen einschließlich der weißen Haut schälen und die Filets herausschneiden, dabei den Saft auffangen. Die Hähnchenbrustfilets mit Salz und Edelsüßpaprika würzen und in einer Pfanne in heißem Fett von jeder Seite ca. 5–6 Minuten braten. Anschließend herausnehmen und warmstellen. Die Hälfte der Orangenfilets in das Bratfett geben. Mit dem aufgefangenen Orangensaft, dem Weinbrand und der Brühe ablöschen und den Honig einrühren. Mit in wenig Wasser angerührter Speisestärke binden und abschmecken. Die restlichen Orangenfilets in der Sauce erhitzen.
Dazu paßt: Reis und Salat

Der Tip

Fester Honig kann im Wasserbad (von höchstens 40 Grad) wieder verflüssigt werden. Dieses langsame Erwärmen schadet weder seinem Nährwert noch seinem Aroma.

Mexikanische Fleischspieße

(für 4 Spieße)

- 300 g Schweinenacken
- 1 rote Paprikaschote
- 2 mittelgroße Tomaten
- 2 Maiskölbchen (aus dem Glas)
- 8 kleine Zwiebeln oder Schalotten
- 2 eingelegte Pfefferschoten
- Für die Marinade:
- 4 EL Öl
- 4 EL Honig
- 4 EL Zitronensaft
- Pfeffer
- Salz
- 1 zerdrückte Knoblauchzehe
- 1 EL gehackte Petersilie

Das Fleisch in Stücke schneiden. Die Paprikaschote waschen, halbieren, die Scheidewände und die Kerne entfernen. Die Tomaten mit kochendem Wasser überbrühen, enthäuten und halbieren. Die Paprikaschote sowie die Tomaten in Stükke schneiden. Die Zwiebeln enthäuten (ganz lassen), die Pfefferschoten halbieren (evtl. entkernen). Fleisch, Paprikaschoten, Tomaten, Maiskolben, Zwiebeln und Pfefferschoten abwechselnd auf Spieße stecken.
Die Zutaten für die Marinade verrühren, die Spieße damit bestreichen und etwa 90 Minuten ziehen lassen. Danach in heißem Öl ca.25 Minuten braten. Nach Geschmack mit einer Chilisauce servieren.

Kichererbsen-Eintopf

- 300 g Kichererbsen
- 1 1/2 l Wasser
- 200 g Zwiebeln
- 2 Knoblauchzehen
- 3 kleine Möhren
- 1 gelbe Paprikaschote
- 1 Zucchini
- 4 EL kaltgepreßtes Olivenöl
- Meersalz
- weißer Pfeffer aus der Mühle
- 1 EL Tannenhonig
- etwas gemahlener Koriander
- 1 EL gehackte Pistazienkerne

Die Kichererbsen über Nacht in dem Wasser einweichen. Am nächsten Tag im Einweichwasser zum Kochen bringen und zugedeckt etwa 70 Minuten bei mittlerer Hitze garen. Eventuell noch etwas Wasser nachgießen. Zwiebeln und Knoblauch schälen und würfeln. Möhren, Paprika und Zucchini waschen, putzen und ebenfalls in Würfel schneiden. Zwiebeln und Knoblauch im erhitzten Öl andünsten. Die abgetropften Kichererbsen zugeben und mit Salz und Honig würzen. Etwa 5 Minuten bei mittlerer Hitze garen, dann das Gemüse dazugeben, pfeffern und alles zugedeckt noch 20 bis 30 Minuten köcheln lassen. Den Eintopf mit Koriander abschmecken und mit Pistazienkernen bestreuen.

Karpfen auf böhmische Art

1 küchenfertiger Karpfen (ca. 1 – 1 1/2 kg)
1/2 l Gemüsebrühe
3 Nelken
1 Kringel Zitronenschale
Für die Sauce:
20 g Mehl
50 g Butter
1/2 l Karpfenbrühe
100 g Honigkuchen (gerieben)
4 EL Honig
Salz

Den vorbereiteten Karpfen in Stükke teilen und salzen. Die Gemüsebrühe mit den Nelken und der Zitronenschale zum Kochen bringen, die Fischstücke hineinlegen, die Hitze vermindern und den Fisch etwa 15 Minuten ziehen lassen. Aus der Butter und dem Mehl eine Einbrenne zubereiten, mit durchgesiebter Karpfenbrühe unter ständigem Rühren aufgießen und aufkochen lassen. Den Honigkuchen sowie den Honig untermischen, salzen und zu einer dicken Sauce einkochen. Den gekochten Karpfen in einer Schüssel anrichten und mit der Sauce übergießen.

Honig-Forellen

4 Forellen
4 mittelgroße Zwiebeln
5 Champignons
2 TL Honig
200 ml Weißwein
1 1/2 EL Olivenöl
etwas Kümmel
gehackte Petersilie
Chillisauce
Salz
Buttersauce

Die Forellen waschen und säubern. Die geschälten Zwiebeln feinhakken und die geputzten Champignons in Scheiben schneiden. Aus den restlichen Zutaten eine Marinade bereiten, Zwiebeln sowie Champignons zufügen und die Forellen darin ziehen lassen. Nach einigen Stunden die Fische einzeln in gefettetes Pergamentpapier einwickeln, in einer Kasserolle nebeneinander bei geringer Hitze in 20–30 Minuten gar dünsten. Danach die Fischpakete auf einer Seite öffnen und die Flüssigkeit vorsichtig in einen Topf fließen lassen. Kalte Butter einrühren und die Forellen mit der Buttersauce servieren.

Hagebutten-, Erdbeer-, Sauerkirsch-, Kiwi- und Aprikosen-Sauce

Die Rezepte dazu auf Seite 44, 51 und 52

Saucen & Marinaden

- *3 EL Honig*
- *3 EL Olivenöl*
- *1 1/2 EL Apfel- oder Weinessig*
- *1/2 TL Kräutersenf*
- *frisch gemahlener Pfeffer*

Französische Honigsauce

Die Zutaten in die Rührschüssel eines Mixgerätes geben und auf kleiner Stufe eine Minute lang mixen. Die Sauce in einen Behälter gießen und im Kühlschrank aufbewahren. Verwenden Sie die Sauce zusammen mit grünem Salat, kaltem grünen Spargel, Broccoli oder auch Bohnen.

Dessert-Sauce mit Pistazien

Kiwis schälen, in Stücke schneiden und im Mixer pürieren. Die Fruchtmasse durch ein Sieb streichen. Den Fruchtbrei mit Zitronensaft und Honig verrühren, dann die Pistazien hinzufügen.

Honig-Sauce mit Pistazien ist ein exotischer Leckerbissen zu warmen Waffeln, zu Bisquitscheiben, Flammeries, Eis, frischen Früchten und süßen Aufläufen.
Akazienhonig ist für diese exotische Sauce besonders geeignet. Wer will, kann die Sauce mit einem Schuß Sahne verfeinern.

3-4 Kiwi
Saft einer Limette (ersatzweise Zitrone)
4 EL Honig
1 EL gehackte Pistazien

1/8 l Sahne
2-3 EL Honig
je 1 TL gehackte Haselnuß-, Walnuß- und Pinienkerne
Portwein

Nußkreation mit Honig

Die Sahne so lange schlagen, bis eine dickflüssige Masse entstanden ist. Honig und Nüsse hinzufügen und unterrühren. Die Sauce mit einem Schuß Portwein abschmecken. Honig mit Nüssen ist eine feine Beigabe zu Pfannkuchen, Crêpes, Reisspeisen, und frischem Obst.

Der Tip

Tip: Soll die Sauce herzhaft sein, einen Wald- oder Tannenhonig verwenden. Soll sie mild und fein im Geschmack sein, ist Akazien- oder Lindenblütenhonig geeignet. Nach Belieben läßt sich die Sauce auch mit Zitronen- oder Orangensaft abschmecken.

Orangensauce

2 unbehandelte Orangen
1 unbehandelte Zitrone
50 g Honig
1/4 l Wasser
80 g Johannisbeer- oder Preiselbeermarmelade
1/8 l Rotwein
2 cl Weinbrand

Die Schale von 1 Orange und 1/2 Zitrone fein abreiben und mit dem Honig und Wasser etwa 3 Minuten kochen. Dann die in feine Streifen geschnittene Schale der zweiten Orange hinzufügen und weitere 5 Minuten kochen. Marmelade, Rotwein, Orangen- und Zitronensaft untermischen und nochmals 5 Minuten kochen lassen. Die Sauce durch ein Sieb streichen, den Weinbrand unterrühren und kurz aufkochen. Die Sauce zu Wildgerichten servieren.

Sauce Vinaigrette

Senf, Essig und Weißwein miteinander verrühren. Mit Salz, Pfeffer und Honig würzen und das Öl unterrühren. Die geschälte Zwiebel, die Gurke und die gepellten Eier fein würfeln und zur Sauce geben, nach Belieben noch gehackte Kapern. Die Kräuter feinschneiden und zufügen.
Diese Sauce paßt gut zu Fleisch, Geflügel und Fisch.

3 TL Senf
2 EL Essig
1 EL Weißwein
Salz
Pfeffer
1 EL Kleehonig
8 EL Pflanzenöl
1 kleine Zwiebel
1 mittelgroße Gewürzgurke
evtl. ein paar Kapern
2 hartgekochte Eier
1 Bund Petersilie
1 Bund Dill

4 EL Honig
2 EL Kräutersenf
1 EL Mehl
1 Tasse Hühnerbrühe
2 Eigelb
1 Prise Salz

Honig-Senf-Sauce
(ergibt zwei Tassen)

Den Senf und das Mehl in einer Schüssel vermischen und nach und nach mit einem Schneebesen die Hühnerbrühe langsam hineinschlagen. Das Eigelb mit dem Salz in einer kleinen Tasse verschlagen und in die Schüssel geben. Zuletzt den Honig zufügen und alles gut verrühren.
Die Sauce paßt besonders gut zu gegrilltem Fleisch.

Kiwisauce

3-4 Kiwis
50 g Bienenhonig
Saft von 1 Zitrone
2 TL gehackte Pfefferminzblätter
Salz
Cayennepfeffer

Die Kiwifrüchte schälen, in Stücke schneiden und mit dem Bienenhonig, dem Zitronensaft und der feingehackten Minze pürieren. Mit Salz und Cayennepfeffer abschmecken und kalt stellen.
Die Kiwisauce paßt besonders gut zu gebratener Entenbrust.

Sauerkirschsauce

500 g Sauerkirschen
3-4 EL Crème fraîche
1 Prise Meersalz
echte Vanille
1-2 EL Honig
Zitronenspiralen

Die Sauerkirschen waschen, gut abtropfen lassen, entsteinen und mit der Crème fraîche pürieren. Mit Salz, Vanille und Honig abschmekken und mit Zitronenspiralen garnieren. Sauerkirschsauce schmeckt leicht erwärmt sehr gut zu Savarins und Puddings.

Erdbeersauce mit Apfelwein

500 g Erdbeeren
250 ml Apfelwein
schwarzer Pfeffer
1 EL Honig
2-3 Zitronenscheiben

Die Erdbeeren waschen, trockentupfen und entstielen. In einen Mixer geben und zusammen mit dem Apfelwein pürieren. Mit Pfeffer und Honig abschmecken, die Zitronenscheiben hineingeben und darin etwas ziehen lassen.
Die Erdbeersauce paßt gut zu Grießflammerie.

Hagebuttensauce

1 Apfel
500 ml Hagebutten-Nektar (Reformhaus)
2-3 EL Wasser
1 EL Honig
Nelkenpulver
abgeriebene Zitronenschale
Minzblätter

Den Apfel schälen, vierteln und das Kerngehäuse entfernen. Die Apfelstücke in einen Mixer geben und mit dem Hagebutten-Nektar und Wasser pürieren. Mit Honig, Nelkenpulver und abgeriebener Zitronenschale würzen und mit Minzblättern garnieren.
Diese Hagebuttensauce paßt gut zu Reispudding.

Aprikosensauce

500-700 g Aprikosen
2-3 EL Wasser oder Weißwein
Saft von 1 Zitrone
1 Päckchen Naturvanille
1 EL Honig
2-3 EL grob gehackte Nüsse

Die Aprikosen enthäuten, den Kern entfernen, die Aprikosen in Stücke schneiden und mit Wasser und Zitronensaft pürieren. Mit Vanillezukker und Honig abschmecken. Die Nüsse in einer Pfanne anrösten, abkühlen lassen und über die Sauce streuen.
Die Aprikosensauce schmeckt leicht erwärmt gut zu Vanille-Milchreis, gefüllten Aprikosen, Bananen im Schlafrock, Birnen auf Biskuit und kalt zu Puddings aller Art.

Französische Marinade

3 TL französischer Senf
3-4 TL Weinessig
Salz
frischgemahlener, weißer Pfeffer
2 TL Landhonig
6 EL Pflanzenöl
1/2 Bund Schnittlauch
je 1 TL Kerbel- und Estragonblättchen

Senf und Essig in einer Schüssel miteinander verrühren. Mit Salz, Pfeffer und Honig würzen, dann das Öl unterrühren. Die Kräuter waschen, trockentupfen, kleinschneiden und zufügen. Alles pikant abschmecken. Vor dem Grillen das Fleisch oder Geflügel darin einlegen.

- 4 EL Zitronensaft
- 1 TL Kräutersalz
- 1 EL scharfer Senf
- 1 EL Sojasauce
- 3-4 EL Honig
- 1 zerdrückte Knoblauchzehe
- je 1 TL Estragon, Rosmarin, Thymian und roter, gestoßener Pfeffer

Pikante Honig-Sauce mit Kräutern

Alle Zutaten mit einem Schneebesen gut miteinander verquirlen.
Diese Honigsauce ist allen zu empfehlen, die gerne grillen. Sie ist schnell zubereitet und schmeckt einfach köstlich – ganz gleich zu welchem Fleisch, ob Grillrippchen, Lammkoteletts oder Hühnerkeulen. Die pikante Sauce wird erst ganz zum Schluß auf das Grillgut gestrichen, wenn es fast gar ist. So bleibt der feine Geschmack voll erhalten und leidet nicht unter der Grillhitze.

Süße Mandel-Honig-Sauce

Butter in einer Pfanne zerlassen und die Mandeln unter Rühren darin hellgelb bräunen, anschließend kaltstellen. Frische Himbeeren verlesen (möglichst nicht waschen), tiefgekühlte Himbeeren auftauen lassen. Die Früchte in einem Mixer kurz pürieren, durch ein Sieb streichen und den Fruchtbrei mit Honig verrühren. Die Sauce mit Zitronensaft abschmecken und kurz vor dem Servieren die kalten gerösteten Mandeln hinzufügen. Zitronenmelisseblättchen über die Sauce streuen. Honig-Sauce mit Mandeln ist eine Delikatesse zu Eis, Pudding, Quarkspeisen und Aufläufen. Wer will, kann die Sauce leicht erwärmt reichen. Mit Lindenblütenhonig schmeckt diese feine Sauce besonders edel.

1 Msp. Butter
1 EL gehackte Mandeln
300 g frische oder tiefgekühlte Himbeeren
3-4 EL Honig
Zitronensaft
etwas Zitronenmelisse

6 EL Öl
100 ml Rotwein
1 EL Zitronensaft
100 ml Lindenblütenhonig
1 Bund glatte Petersilie
1 TL Rosmarinnadeln

Rotwein-Kräuter-Marinade

Öl mit Rotwein, Zitronensaft, Lindenblütenhonig, gehackter Petersilie und Rosmarinnadeln verrühren. Das Fleisch vor dem Grillen etwa 2 Stunden darin marinieren. Paßt besonders gut zu Lammkoteletts.

Würzige Honigsauce

Den Honig und Tomatenketchup mit der Fleischbrühe in einem Topf erhitzen. Die abgeriebene Orangenschale zufügen und alles 10 Minuten bei mittlerer Hitze unter Rühren kochen lassen. Dann mit Meerrettich, Paprika, Salz und Pfeffer abschmecken.
Die Sauce zu Steaks, Koteletts oder Wildbraten reichen.

4 EL Honig
2 EL Tomatenketchup
1/8 l Fleischbrühe
abgeriebene Schale von 1 unbehandelten Orange
1 TL Meerrettich (Glas)
Paprika edelsüß
Salz
Pfeffer

Fruchtiger Sommersalat

Das Rezept dazu auf Seite 63

Salate & Beilagen

Süß-saures Gemüseragout

Die Zwiebel schälen und feinhaken. Den Stangensellerie waschen und in schmale Scheiben schneiden. Die Butter in einem breiten Topf erhitzen, Zwiebel und Stangensellerie zufügen und 10 Minuten dünsten. Inzwischen Zucchini und Paprikaschoten putzen, waschen und in mundgerechte Stücke schneiden. Den Lauch putzen, längs aufschlitzen und gründlich ausspülen, in feine Ringe schneiden und das Gemüse in den Topf geben. Das Ganze mit Currypulver bestäuben und mit Salz, Pfeffer und Kreuzkümmel würzen. Honig, Zitronensaft und Brühe untermischen und zugedeckt 15 Minuten dünsten. Die Sahne einrühren, abschmecken und wenn nötig nachwürzen. Weitere fünf Minuten köcheln lassen.

Das süß-sauere Gemüseragout paßt zu Kurzgebratenem oder gekochtem Fleisch, Geflügel oder Fisch.

1 Zwiebel
250 g Stangensellerie
2 EL Butter
200 g Zucchini
200 g rote Paprikaschoten
200 g Lauch
2 TL Currypulver
Salz
schwarzer Pfeffer aus der Mühle
1 Msp. Kreuzkümmel
6 EL Honig
Saft einer Zitrone
1/8 l Fleischbrühe
1/8 l Sahne

Gurken-Melonen-Salat

- 1 Salatgurke
- 1 kleine Honigmelone
- 1 Becher Joghurt
- Saft von 1 Zitrone
- 1-2 EL Honig
- 1 Bund Dill
- Pfeffer
- Salz

Die Gurke gut waschen und möglichst mit Schale der Länge nach in vier Teile, diese dann in kleine Stükke schneiden. Die Melone vierteln, schälen und die Kerne mit einem Löffel herausschaben. Das Fruchtfleisch in Würfel schneiden. Den Joghurt mit dem Honig verrühren, mit Zitronensaft, Pfeffer und Salz abschmecken. Die Sauce mit den Gurken- und Melonenstückchen vermischen und den Salat zugedeckt etwa 30 Minuten im Kühlschrank durchziehen lassen. Vor dem Servieren mit gehacktem Dill bestreuen und alles nochmals durchrühren.

Salat mit Käse-Dressing

- 1 kleine Stange Staudensellerie
- 1 Bund Radieschen
- 1 kleiner Kopfsalat
- 1 rote Zwiebel
- 2 Pfirsiche
- 2 Eier
- *Für das Dressing:*
- 100 g Roquefortkäse
- 100 g süße Sahne
- 100 g Magermilch-joghurt
- 2-3 EL Apfelessig
- Saft von 1/2 Zitrone
- 1 EL Heidehonig
- Meersalz
- weißer Pfeffer aus der Mühle
- 2 EL Sonnenblumenkerne

Das Gemüse putzen und waschen. Staudensellerie in feine Streifen, Radieschen in dünne Scheiben schneiden. Kopfsalat in mundgerechte Stücke zerpflücken, die geschälte Zwiebel feinhacken. Die Pfirsiche häuten, entkernen und in Spalten teilen. Die Eier hartkochen, pellen und achteln. Für das Dressing den Käse mit einer Gabel zerdrücken und mit Sahne, Joghurt, Essig, Zitronensaft und Honig zu einer glatten Sauce verrühren. Mit Salz und Pfeffer abschmecken. Die Salatzutaten in einer Schüssel dekorativ anrichten. Das Dressing darübergießen und den Salat mit Sonnenblumenkernen bestreuen.

300 g Broccoli (frisch oder tiefgekühlt)
4 mittelgroße Chicoréestauden
Salz
1 Zwiebel
2 EL Butter
4 EL Semmelbrösel
2 EL gemahlene Haselnüsse
6 EL Honig
schwarzer Pfeffer aus der Mühle
1 Msp. Cayennepfeffer
frischgemahlene Muskatnuß
Fett für die Form
150 g Sahnegorgonzola
1 Bund Petersilie

Broccoli-Chicorée-Gratin

Den Broccoli vorbereiten, den Chicorée waschen, längs halbieren und das untere, etwas bittere Stück herausschneiden. Den Broccoli und den Chicorée in kochendem Salzwasser drei Minuten garen, dann sehr gut abtropfen lassen. Die Zwiebel schälen, feinhacken und in einem Eßlöffel Butter weichdünsten. Die Semmelbrösel und die Haselnüsse unter Rühren kurz anbraten, den Honig unterrühren und die Masse mit Salz, schwarzem Pfeffer, Cayennepfeffer und Muskatnuß abschmecken. Eine feuerfeste Form mit der restlichen Butter einfetten, Broccoli und Chicorée streifenweise hineinsetzen. Die Hälfte des Käses in kleinen Stückchen sowie die Hälfte der gehackten Petersilie zwischen das Gemüse geben, salzen und pfeffern. Die Gratinmasse gleichmäßig auf dem Gemüse verteilen und mit dem restlichen Käse besetzen. Im auf 200 Grad vorgeheizten Backofen (mittlere Schiene) 20 Minuten goldbraun überbacken. Vor dem Servieren mit der restlichen Petersilie bestreuen.
Paßt zu Fisch, Fleisch und Geflügel als Beilage oder für 2 Personen als Hauptgericht mit Salat.

Feiner Linsensalat mit Honigäpfeln

Linsen in einer Schüssel gut mit Wasser bedeckt über Nacht ausquellen lassen. Am nächsten Tag in einem Sieb abspülen und abtropfen lassen. Das Sieb in eine Schüssel hängen, mit einem Teller abdecken

und bei Raumtemperatur um 20 Grad stehen lassen.
Die Linsen zweimal täglich mit lauwarmem Wasser durchspülen. Nach drei bis vier Tagen haben sich kleine Keime gebildet. Eigelb zerdrücken, mit Frischkäse und Sahne zu einer glatten Masse verrühren und mit Salz, Pfeffer und Senf abschmecken. 24 schöne Walnußhälften beiseite legen. Den Rest feinhacken und unter die Käsemasse mischen. Käse-Nußmasse mit zwei Teelöffeln abstechen und auf 12 Walnußhälften einen Tuff setzen, die restlichen Walnüsse darauf setzen. Rote Beete schälen und in gleichmäßig feine Streifen schneiden. Öl in einer Pfanne erhitzen und die Rote Beetestreifen bei milder Hitze etwa 5 Minuten dünsten. Nochmals abgespülte und gut abgetropfte Linsensprossen hinzufügen und kurz mit erwärmen. Mit Salz, Pfeffer und Essig würzen und zum Schluß etwas Honig unterziehen. Den Apfel waschen, halbieren, Kerngehäuse entfernen und in dicke Spalten schneiden. In der zerlassenen Butter dünsten und zum Schluß den Honig darüber verteilen. Salat mit den gefüllten Walnußkernen und Honigäpfeln dekorativ auf einer Platte anrichten. Den Honig Buttersud (evtl. mit etwas Sahne loskochen) über die Apfelspalten verteilen.

200 g kleine Linsen
2 Eigelb (hart gekocht)
100 g Doppelrahmfrischkäse
1 EL Sahne
Vollmeersalz
Pfeffer aus der Mühle
1 Msp. Senf
100 g Walnußkernhälften
200 g rote Beete
4 EL Walnußöl
1 EL Himbeeressig
2 EL Rotweinessig
etwas Honig
1 säuerlicher Apfel
25 g Butter
2 EL Honig

Vollwert-Salat mit pikantem Honig-Dressing

Den Weizen mit reichlich kaltem Wasser bedeckt über Nacht quellen lassen. Am nächsten Tag abspülen, abtropfen und abgedeckt über Nacht keimen lassen. Fenchelknolle und Chicorée putzen, waschen und längs in feine Scheiben bzw. Streifen schneiden. Apfel waschen, vierteln, Kerngehäuse entfernen und in feine Stifte, die geschälte Banane in Scheiben schneiden.
Die vorbereiteten Zutaten zusammen mit den abgebrausten und abgetropften Weizenkeimlingen mischen und mit Zitronensaft beträufeln. Die Orangen mit einem scharfen Messer so schälen, daß die weiße Haut vollkommen entfernt ist. Die Filets aus den Trennhäuten schneiden. Die Nüsse grob hacken. Perlerbsen in einem Sieb mit lauwarmem Wasser abbrausen. Alle Zutaten zu dem Salat geben und locker mischen.
Für die Sauce die Orange auspressen und den Saft mit Salz, Pfeffer, Honig, Öl und Sahne verrühren und kurz vor dem Servieren über den Salat geben und mit den Kräutern bestreuen.

50 g Sprießkornweizen
1 Fenchelknolle
1 Chicorée
1 Apfel
1 Banane
4 EL Zitronensaft
2 Orangen
50 g Haselnußkerne
100 g tiefgekühlte Perlerbsen
Für die Sauce:
1 Orange
1 Prise Salz
weißer Pfeffer aus der Mühle
3 EL Honig (Am besten schmeckt Akazienhonig)
5 EL Sonnenblumenöl
3 EL Sahne
1 EL gehackte, frische Kräuter

- *4 mittelgroße Tomaten*
- *4 EL Maiskörner aus der Dose*
- *3 EL Milch*
- *1/2 Tasse Hüttenkäse*
- *3 EL Parmesankäse oder mittelalter Gouda*
- *2 EL Öl*
- *Salz*
- *Pfeffer nach Geschmack*
- *1/4 Tasse Honig*
- *4 EL gekochter Reis*

Sommersalat

- *1 Kopfsalat*
- *2 kleine Karotten*
- *1/4 Sellerieknolle*
- *2 kleine Äpfel*
- *2 EL Honig*
- *1/2 Tasse Ananassaft*
- *Saft einer Limone (ersatzweise Zitrone)*
- *10 Walnüsse oder 15 Haselnüsse, gehackt*

Den gewaschenen und abgetropften Salat in kleine Stückchen reißen und in eine Schüssel geben. Karotten und Sellerie schälen und in Stifte, die gewaschenen sowie entkernten Äpfel in Scheiben schneiden und alles mit dem Salat leicht durchmischen. Honig, Ananassaft und Limonensaft in der Rührschüssel eines Mixers auf kleiner Stufe durchmixen, bis das Gemisch glatt wird. Die Sauce über den Salat geben, mit den gehackten Nüssen bestreuen und servieren.

Honig-Tomaten

Den Backofen auf 165 Grad vorheizen. Die Tomaten gut waschen, einen Deckel abtrennen und das Fruchtfleisch herausnehmen. Das Fruchtfleisch und die anderen Zutaten – bis auf den Parmesankäse – in ein Mixgerät geben und auf großer Stufe zu einem Püree mixen. Die Tomaten mit dieser Mischung füllen und den Parmesankäse daraufstreuen. Nun die Tomaten in eine eingeölte Backpfanne setzen und 50 Minuten backen.

- 200 g Buchweizen
- Gemüsebrühe-Extrakt (Reformhaus)
- 4 EL Rotweinessig
- 1 EL Honig
- Meersalz
- Pfeffer aus der Mühle
- 1 EL Senf
- 4 EL kaltgepreßtes Sonnenblumenöl
- 3 EL Rosinen
- 3 mittelgroße Möhren
- 1 mittelgroße Zwiebel
- 1 mittelgroßer Apfel
- 2 Tomaten
- 1 Stengel glatte Petersilie

Buchweizensalat

Buchweizen kurz mit kochendem Wasser überbrühen, dann in Gemüsehefebrühe ca. 15 Minuten bißfest kochen. Abtropfen und kalt werden lassen.
Aus Essig, Honig, Salz, Pfeffer, Senf und Öl eine Marinade herstellen. Eventuell mit 3 Eßlöffel heißem Wasser verlängern und die Rosinen darin einweichen. Etwa 20 Minuten stehen lassen. Inzwischen die Möhren und die Zwiebeln schälen und sehr klein schneiden. Den Apfel und die Tomate würfeln. Alle Zutaten mit der Marinade vermischen und mit glatter Petersilie garnieren.

Käse-Frucht-Salat

Die Melone halbieren, die Kerne entfernen und mit einem Kugelausstecher Kugeln herauslösen. Die Trauben waschen, halbieren und entkernen. Den Apfel achteln und in dünne Scheiben schneiden. Die Paprika halbieren, entkernen und ebenfalls kleinschneiden. Den Käse würfeln oder stifteln.
Für die Sauce die saure Sahne mit Öl, Zitronensaft, dem zerstoßenen Koriander, Salz und Honig verrühren. Die Salatzutaten auf Teller verteilen und mit der Sauce übergießen oder extra dazu servieren. Mit Schnittlauch garnieren.

1 kleine Melone (Ogen oder eine andere festfleischige Zuckermelone)
250 g dunkle Weintrauben
1 mittelgroßer Apfel
1 rote Paprikaschote
200 g Emmentaler
Für die Sauce:
1 Becher saure Sahne
1 EL kaltgepreßtes Sonnenblumenöl
2 EL Zitronensaft
zerstoßener Koriander
Vollmeersalz
1 EL Honig
Schnittlauch zur Garnitur

Pikanter Gurkensalat

- 1 Salatgurke
- 1 Apfel
- 2 Tomaten
- 1 Becher Joghurt
- 1 TL Senf
- 1 EL Honig
- etwas Zitronensaft
- 2 EL gehackte Kräuter (Dill, Petersilie, Zitronenmelisse, Borretsch)
- Pfeffer
- Salz

Die Gurke gründlich waschen und mit Schale in feine Scheiben schneiden. Die gewaschenen Tomaten achteln, den geschälten Apfel vom Kerngehäuse befreien und grob raspeln. Den Joghurt mit Honig, Senf und Zitronensaft glattrühren, mit Salz und Pfeffer abschmecken und die feingehackten Kräuter untermischen. Die Marinade mit Gurken, Tomaten und Apfel vermischen.

Rohkostplatte mit Honig-Dressing

- 1 mittelgroße Salatgurke
- 4 Möhren
- 3 Tomaten
- 1 mittelgroße Chicoréestaude
- 1 Kopfsalat
- 100 g Feldsalat
- Für die Sauce:
- Saft von 1 Zitrone
- 5 EL kaltgepreßtes Öl
- 3 EL Honig (besonders (gut schmeckt Akazienhonig)
- 1 Msp. Paprika edelsüß
- weißer Pfeffer
- 1 Prise Salz
- 1 Prise Knoblauchpulver
- 4 EL frische gehackte Kräuter

Gemüse und Salat putzen, waschen und gut abtropfen lassen. Die Chicoréestaude am unteren Ende vom bitteren Keil befreien, dann die Staude sowie die Gurke und die Tomaten in Scheiben schneiden, die Möhren raspeln. Salatblätter in mundgerechte Stücke zupfen. Für die Salatsauce Zitronensaft, Öl und Honig verrühren und mit den Gewürzen pikant abschmecken. Die Salatzutaten getrennt mit der Sauce vermischen, anschließend auf einer mit Salatblättern ausgelegten Platte anrichten. Vor dem Servieren mit den gehackten Kräutern bestreuen. Der Salat kann nach Belieben mit ein paar Walnuß- oder Haselnußhälften garniert werden.

Gemüsesalat chinesische Art

- *150 g Glasnudeln*
- *400 g Rettich*
- *400 g Möhren*
- *400 g Lauch*
- *1/2 l Instant-Brühe*
- *300 g Shii-Take-Pilze oder Austernpilze*
- *2 EL Öl*
- *Salz*
- *Pfeffer*
- *Für die Sauce:*
- *7 EL Sojasauce*
- *4 EL Öl*
- *1 EL Essig*
- *3 EL Honig*
- *1 TL Ingwerpulver*
- *Salz*
- *Pfeffer*

Die Glasnudeln nach Packungsanweisung kochen, abtropfen lassen und in ca. 5 cm lange Stücke schneiden. Rettich und Möhren waschen und schälen, beides in dünne Scheiben schneiden. Lauch waschen, putzen und in feine Ringe schneiden. Das Gemüse in der Brühe etwa 3–4 Minuten kochen, dann abgießen und die Brühe dabei auffangen. Für die Sauce die aufgefangene Brühe mit den restlichen Zutaten verrühren und kräftig abschmekken. Gemüse, Glasnudeln und Salatsauce mischen und ca. 60 Minuten durchziehen lassen. Die Pilze putzen, eventuell etwas zerkleinern und in heißem Fett 2–3 Minuten braten, mit Salz und Pfeffer würzen und zum Salat geben.

Pastinakensalat

- *400-500 g Pastinaken (ca. 3 Wurzeln)*
- *1 Stange Lauch*
- *1 Apfel*
- *Für die Sauce:*
- *125 ml süße Sahne*
- *Saft von 1/2 Zitrone*
- *1 EL Honig*
- *Meersalz*
- *weißer Pfeffer*
- *frischer Ingwer*
- *1 EL gehackte Haselnüsse*
- *glatte Petersilie*

Die Pastinaken gut bürsten, mit der Schale in wenig Wasser etwa 30 Minuten kochen, dann abkühlen lassen. Dünn schälen und in Scheiben schneiden. Lauch waschen in feine Ringe, den Apfel in dünne Scheiben schneiden.

Für die Sauce aus Sahne, Zitronensaft, Honig, Salz, Pfeffer und Ingwer eine Marinade herstellen. Mit den Pastinaken, dem Lauch sowie dem Apfel vermischen. Vor dem Servieren mit gehackter Petersilie und Haselnüssen bestreuen.

Der Tip

Die Salate schmecken am besten, wenn sie ca. eine Stunde vor dem Servieren angerichtet werden. Die gebratenen Pilze sollten erst kurz vor dem Servieren, möglichst noch warm, dazugegeben werden.

- 600 g Schalotten
- 2 EL Butter
- 1 EL Olivenöl
- 8 EL Honig
- 3 Knoblauchzehen
- Salz
- schwarzer Pfeffer aus der Mühle
- 1 TL Oregano
- 1 TL Thymian
- 1/4 l Wasser

Schalotten-Confit

Die Schalotten sorgfältig schälen. Die Butter und das Olivenöl in einem breiteren Topf erhitzen, die Schalotten darin unter Rühren goldbraun anbraten, dann den Honig langsam dazufließen lassen. Den Knoblauch schälen und durch die Presse dazudrücken. Mit Salz, schwarzem Pfeffer, Oregano und Thymian würzen. Das Wasser dazugießen und den Topf nicht ganz zudecken. Die Schalotten 30 Minuten bei milder Hitze schmoren, dabei sollte fast die ganze Flüssigkeit verdampft sein. Ab und zu umrühren, falls das Wasser zu schnell verdampfen sollte, noch etwas nachgießen, da die Schalotten sonst leicht ansetzen. Das Schalotten-Confit zu allem Kurzgebratenem, zu gekochtem Fleisch oder Geflügel, oder einfach als Vorspeise mit frischem Weißbrot servieren. Schmeckt warm, aber auch kalt.

Pfirsich-Geflügel-Salat

Die Pfirsiche kurz überbrühen, die Haut abziehen und das Fruchtfleisch in Spalten teilen. Geflügelfleisch in Streifen schneiden, den geschälten Apfel stifteln, Champignons blättrig schneiden und die Banane in Scheiben teilen. Alles mit den Kapern mischen. Aus Zitronensaft, Joghurt, Öl und Honig eine Marinade rühren, dann mit Pfeffer und Salz pikant abschmecken. Die Marinade über den Salat geben und vorsichtig unterheben. Im Kühlschrank ziehen lassen. Kurz vor dem Servieren noch einmal vorsichtig mischen.
Dieser Salat sieht besonders hübsch aus, wenn er auf roten Radicchioblättern angerichtet wird.

2 reife Pfirsiche
150 g gekochtes Geflügelfleisch
1 säuerlicher Apfel
3 große frische Champignons
1 Banane
1 EL Kapern
Saft von 1/2 Zitrone
1/2 Becher Joghurt
2 EL Öl
2 TL Honig
Pfeffer
Meersalz

Hippen-schälchen mit Eis

Das Rezept dazu auf Seite 80

Süßspeisen & Desserts

2 Eigelb
35 g Honig
50 ml Zitronensaft
200 ml Sahne
50 g gehackte Pistazien (2 Beutel)
500 g Obst nach Saison, z.B. Erdbeeren, Kirschen, Heidelbeeren
evtl. 1 Flasche Wildbeerensauce

Zitronenparfait mit frischem Obst

Eigelb und Honig mit dem Handrührgerät cremig rühren. Zitronensaft zufügen und im heißen Wasserbad so lange weiterrühren, bis die Creme dicklich wird, dann im kalten Wasserbad weiterrühren bis die Creme abgekühlt ist. Die Sahne schnittfest schlagen und mit den Pistazien unterziehen. Eine Kastenform mit einem Gefrierbeutel auslegen, das Parfait einfüllen und für 3–4 Stunden in das Gefrierfach stellen. Kurz vor dem Servieren die Form herausnehmen und das Parfait in Scheiben schneiden. Mit frischem Obst dekorieren und nach Belieben eine Wildbeerensauce dazu reichen.

Gefüllte Honigmelone

- 1 Honigmelone (ca. 1 kg)
- 250 g Erdbeeren
- 2 Orangen
- 50 g Puderzucker
- 2-3 EL Honig
- 4 cl Kirschwasser
- gehackte Pistazien
- 1/8 l Sahne

Von der Melone einen Deckel abschneiden. Mit einem Löffel die Kerne herauskratzen und mit dem Kartoffelbohrer kleine Kugeln aus dem Melonenfleisch herausstechen. Die Erdbeeren kurz waschen, entstielen und abtropfen lassen. Die Orangen bis auf das Fruchtfleisch abschälen und die Filets herausschneiden. Die Melonenkugeln und die Orangenfilets mit Puderzucker, Honig und Kirschwasser in einer Schüssel mischen. Dann in die Melone füllen und für 60 Minuten zugedeckt in den Kühlschrank stellen. Vor dem Servieren die Sahne steifschlagen, in einen Spritzbeutel füllen und die Melone damit garnieren, die Pistazien darüberstreuen.

Ananas in Honigsauce

Ananas der Länge nach halbieren, dann vierteln. Den harten Kern entfernen und das Fruchtfleisch von der Schale lösen. In kleine Stückchen schneiden und auf vier Dessertteller anordnen. Jeweils eine Erdbeere in die Mitte setzen. Für die Sauce das Eigelb mit dem Schneebesen verrühren, Honig hinzufügen und leicht schaumig schlagen, mit Zitronensaft würzen. Die Sahne halbfest schlagen und mit dem Schneebesen unter die Ei-Honig-Mischung heben. Zum Schluß Sekt hinzufügen und über die Ananashälften gießen. Dazu hauchdünne halbbittere Schokoladen-Täfelchen reichen.

- 8 frische Scheiben Ananas
- 4 große Erdbeeren
- 4 Eigelb
- 1 - 1 1/2 EL Honig
- 1-2 Spritzer Zitronensaft
- gut 1/8 l Sahne
- 4 EL Sekt

Buchweizen-Apfel-Pfannkuchen mit Hagebuttenmus

(für 1 Portion)

- *2 EL Buchweizenmehl (Reformhaus)*
- *1 Ei*
- *1/8 ml Milch*
- *1 großer Apfel*
- *1 EL Honig*
- *abgeriebene Schale von 1/2 unbehandelten Zitrone*
- *1-2 EL kaltgepreßtes Sonnenblumenöl*
- *2-3 EL Hagebuttenmus*
- *etwas Zitronenmelisse*

Buchweizenmehl, Eigelb und Milch verquirlen, anschließend 15 Minuten quellen lassen. Den Apfel waschen, schälen und in kleine Schnitze schneiden (einige zum Garnieren beiseite stellen). Eiweiß steifschlagen und mit den Apfelstücken, Honig und Zitronenschale unter den Teig heben. Öl erhitzen und aus dem Teig 5–6 kleine Pfannkuchen bei starker Hitze von beiden Seiten goldbraun braten. Auf die fertigen Pfannkuchen je einen Klacks Hagebuttenmus geben und mit den zurückgelegten Apfelstückchen und Zitronenmelisse garnieren.

00 g ganze Hirse
50 ml Milch
itronenschale
EL Honig
aturvanille
Eier (getrennt)
-2 EL Honig
imt
EL grob gehackte istazien
00-300 g gemischte eeren (evtl. püriert)

Hirse-Dessert mit Beeren

Die Hirse in Milch mit Zitronenschale und Honig ca. 20 Minuten kochen. Etwas abkühlen lassen und mit Eigelb, Vanille, Zimt und Nüssen verrühren. Steifgeschlagenen Eischnee unterziehen und in gefettete Auflaufförmchen füllen. Bei 180–200 Grad ca. 20 Minuten backen. Abkühlen lassen, mit Pistazien bestreuen und mit den frischen Beeren servieren.

Der Tip

Hirse und Natur-Vanille sind of schwer zu bekommen. Man kann beides in der Regel jedoch in Reformhäusern und Naturkostläden kaufen.

3/4 l Milch
Salz
150 g Vollkorngrieß
250 g Magerquark
2 Eier
100 g Honig
500 g Äpfel
50 g Rosinen
6 EL kernige Haferflocken
Zimt
25 g Butter oder Margarine

Apfelauflauf mit Vollkorngrieß

Die Milch mit etwas Salz aufkochen lassen, den Grieß einrühren, dann 30 Minuten quellen lassen. Quark, Eigelb und Honig cremig rühren. Eiweiß steifschlagen, Quarkmasse

und Eischnee unter den Grießbrei heben. Die Äpfel waschen, vierteln, schälen und das Kerngehäuse entfernen. Obst, Rosinen und die Hälfte der Haferflocken mischen und mit Zimt würzen. Die Hälfte der Grießmasse in eine gefettete Form füllen. Die Apfelmischung und den restlichen Grieß daraufgeben. Die Form nicht zu voll füllen, die Auflaufmasse geht beim Backen noch auf und würde dann überlaufen. Mit den übrigen Haferflocken bestreuen und Fettflöckchen daraufsetzen. Im Backofen bei 180 Grad ca. 1 Stunde backen.

Honig-Baiser auf Pfirsich und Beeren

3-4 mittelgroße, gut ausgereifte Pfirsiche
Saft von 1 Zitrone
150-200 g Johannisbeeren
3 Eiweiß
3 EL flüssiger Honig

Die Pfirsiche kurz in kochendes Wasser tauchen und schälen. Halbieren, den Kern entfernen, die Pfirsiche in Achtel schneiden und mit Zitronensaft beträufeln. Die Johannisbeeren waschen, entstielen und mit den Pfirsichspalten in eine feuerfeste Glas– oder Keramikform geben. Im Backofen bei 250 Grad ca. 5 Minuten garen. Zwischenzeitlich das Eiweiß zu festem Schnee schlagen, zum Schluß – weiterhin unter Schlagen – den Honig zugeben. Die Honig-Baiser-Masse auf dem Obst verteilen. Im Ofen ca. 5–10 Minuten überbakken, bis die Baiserhaube goldbraun ist.

Quarkauflauf mit Äpfeln

250 g Quark
2-3 Eier (je nach Größe)
evtl. 2-3 EL Milch
60 g Hirseflocken (Reformhaus)
50 g Honig
50 g grob gehackte Nüsse
2 mittelgroße Äpfel

Quark, Eigelb und Milch in einer Schüssel miteinander verrühren. Hirseflocken, Honig und Nüsse unter Rühren zugeben, dann die geschälten und in feine Scheiben geschnittenen Äpfel untermischen. Zum Schluß den geschlagenen Eischnee locker unterziehen. Die Masse in eine gefettete Auflaufform füllen und bei 200 Grad etwa 30–40 Minuten backen.

Buchweizenpfannkuchen mit Honigquark

200 g Buchweizenmehl (Reformhaus)
50 g Weizenvollkornmehl
1/2 TL Trockenhefe
250 g lauwarme Milch
2-3 Eier
1/2 TL Meersalz
2 EL milden Honig
1-2 EL Mandelstifte
Kokosfett zum Braten
Honigquark:
125 g Quark (20% F.)
1/2 Tasse Milch
2 EL milden Honig
Zitronensaft und etwas abgeriebene Schale
3-4 EL Preiselbeeren

Die Teigzutaten zu einem dünnflüssigen Teig verarbeiten und etwa 20 Minuten stehen lassen. Zwischenzeitlich den Quark mit dem Honig cremig rühren und mit Zitronensaft und -schale abschmecken. Das Kokosfett erhitzen und nacheinander 4 große, aber dünne Pfannkuchen backen. Die Pfannkuchen anschließend im auf 50 Grad vorgeheizten Backofen warm stellen. Vor dem Servieren zusammenklappen, mit Quark-Creme überziehen und mit Preiselbeeren bestreuen.

Honigflan

Milch, Sahne, Honig und Eier in eine Schüssel geben und verquirlen, jedoch nicht schaumig schlagen. Mit Vanillezucker und Zitronenschale abschmecken. Die Masse in vier ausgefettete feuerfeste Auflaufförmchen (es können auch Tassen verwendet werden) füllen. Im Backofen bei 80–100 Grad ca. 1 – 1 1/2 Stunden oder im Wasserbad ca. 1 Stunde stocken lassen. Das Dessert kann warm oder kalt gegessen werden.

Apfelschaum

Die Äpfel schälen, vierteln und in sehr wenig Wasser mit Zitronensaft dünsten. Dann durch ein Haarsieb drücken und abkühlen lassen. Apfelmus mit Honig, Zimt und Zitrone abschmecken. Die geschlagene Sahne (oder geschlagenen Eischnee) unterziehen. Den Apfelschaum in Dessertschalen füllen und mit Kakaopulver bestäuben.

Apfelsalat mit Weinbeeren

Die Äpfel gründlich waschen, vierteln, entkernen, mit der Schale blättrig schneiden und gut mit Zitronensaft beträufeln. Mit Honig abschmecken und mit gehackten Mandeln und Weinbeeren vermischen. Den Apfelsalat auf vier Dessertschalen verteilen und servieren.

Honigflan

- *1/2 l Milch*
- *2 EL Sahne flüssig*
- *3 EL Linden-Honig*
- *4 Eier*
- *1 Päckchen Vanillezucker*
- *etwas abgeriebene Zitronenschale*

Apfelschaum

- *600 g Äpfel*
- *1-2 EL Honig*
- *1/2 TL Zimt*
- *Saft von 1 Zitrone*
- *1/8 l Sahne oder 2 Eiweiß*
- *1 TL Kakaopulver*

Apfelsalat

- *4 mittelgroße Äpfel*
- *Saft von 1 Zitrone*
- *1 EL Honig*
- *30 g gehackte Mandeln*
- *50 g Weinbeeren*

Honigbananen mit Schokoladensahne

- 3-4 Bananen
- Saft von je 1 Zitrone und Orange
- 2 EL Honig
- 1 EL in Rum getränkte Rosinen
- 1 EL gehackte Walnüsse
- 25 g halbbittere Schokolade
- 1/4 l Sahne

Die Bananen schälen und in Scheiben schneiden. Zitronen- und Orangensaft mit dem Honig verrühren und über die Bananenscheiben geben. Gut durchschwenken und 30 Minuten zugedeckt in den Kühlschrank stellen.

Vor dem Servieren die Rosinen und Walnüsse hinzufügen und auf vier Dessert-Teller anrichten. Die Schokolade raspeln und unter die halbsteifgeschlagene Sahne ziehen. Jeweils einen großen Klecks Sahne auf das Dessert verteilen und sofort servieren.

Birnen auf Honig-Wein-Schaum

- 4 mittelgroße Birnen
- Saft von 1 Zitrone oder 6-8 EL Weißwein
- Für den Weinschaum:
- 3 Eigelb
- 2 EL Akazienhonig
- 150 ml trockener Weißwein
- etwas abgeriebene Schale von 1 Zitrone
- 1 EL gehackte Pistazien

Die Birnen schälen, halbieren, das Kerngehäuse entfernen und in wenig Wasser mit Zitronensaft oder Weißwein bißfest dünsten. Inzwischen Eigelb und Honig in einem kochendheißen Wasserbad ca. 4 Minuten kräftig aufschlagen. Den Wein langsam zugeben und so lange schlagen, bis die Masse cremig wird. Mit abgeriebener Zitronenschale abschmecken. Die Masse sofort über die abgetropften, aber noch heißen Birnenhälften geben und mit gehackten Pistazien bestreuen.

Honig-Quarkauflauf mit Himbeeren

- 500 g Himbeeren
- 5 EL Honig (am besten schmeckt Akazienhonig)
- 2 EL Rumrosinen
- 2 EL Vollkorn-haferflocken
- 100 g gemahlene Haselnußkerne
- 25 g Butter
- 2 Eier
- 2 Eigelb
- 1 Prise Vollmeersalz
- 250 g Sahnequark (40%ig)

Himbeeren verlesen, möglichst nicht waschen. Mit 2 Eßlöffel Honig und Rumrosinen mischen und in eine flache, leicht mit Butter ausgestrichene Auflaufform geben. Haferflocken und Haselnüsse in der Butter hellgelb rösten und gleichmäßig über die Himbeeren verteilen.

Die Eier trennen. Eigelb mit dem restlichen Honig und 1 Prise Salz zu einer schaumigen Masse aufschlagen, den Quark locker darunter ziehen. Eiweiß zu steifem Schnee schlagen, unter die Quarkmasse heben und die Himbeeren gleichmäßig damit bedecken. Im Backofen bei 175–200 Grad etwa 45 Minuten backen. Die Oberfläche soll goldgelb sein. Den Auflauf nach Belieben mit einigen frischen Himbeeren bestreuen und anschließend warm servieren.

Hippen-Schälchen mit Eis

- 2 Eiweiß
- 50 g Margarine
- 100 g Honig
- etwas Vanillearoma
- 60 g Mehl
- ein paar Kugeln Schokoladeneis
- ein paar Kugeln Vanilleeis
- Kerne eines kleinen Granatapfels
- Schokoladen-Dekor-Blätter
- dunkle Kuvertüre
- Schokoladen Streusel

Alle Zutaten für die Hippenmasse müssen angewärmt sein. Das weiche Fett mit dem Honig sehr cremig rühren. Das Vanillearoma und nach und nach das Eiweiß unterschlagen, es darf dabei jedoch kein Schaum entstehen. Nun das Mehl unterziehen. Ein Backblech mit Backtrennpapier auslegen und einen Kreis von 16 cm Durchmesser zeichnen. 1–2 Eßlöffel der Masse in die Mitte des Kreises setzen und mit einer Palette 1–2 mm dick und gleichmäßig glattstreichen, bis sie den Kreis genau ausfüllt. In den auf 180 Grad vorgeheizten Backofen schieben und etwa 10 Minuten hellbraun backen. Danach sofort heiß vom Blech nehmen, in eine kleine Schüssel legen und mit den 5 Fingern Wellen formen. Dies muß zügig gehen, denn nach dem Abkühlen

lassen sich Hippen nicht mehr formen. So fortfahren, bis der Teig verbraucht ist.
Kurz vor dem Servieren die Eiskugeln einlegen. Das Vanilleeis mit ein paar Kernen von Granatapfel und Streuseln bestreuen, das Schokoladeneis mit Schoko-Dekor-Borke und Spänen von Kuvertüre. Dazu die Kuvertüre schmelzen lassen und mit einem Spachtel sehr dünn auf eine Marmor- oder Glasplatte streichen, abkühlen lassen und dann mit dem Spachtel vorsichtig von der Platte schaben. Alles mit Schokoladen-Dekor-Blättern garnieren und servieren.

Cassata

Eigelb mit Kirschwasser aufschlagen, den Honig kräftig unterrühren, die Milch zugießen sowie die eingeweichte und aufgelöste Gelantine unterrühren. Wenn die Masse dicklich wird, die steife Sahne unterheben, dann vorsichtig die kandierten Früchte und die kleingeschnittenen Kirschen untermischen. Die Masse in eine 1-Liter-Form füllen und im Tiefkühlfach 3–4 Stunden durchfrieren lassen. Zum Servieren die Cassata in Scheiben schneiden und nach Belieben mit einer Kirschsauce und Minzblättchen anrichten.

5 Eigelb
2 EL Kirschwasser
200 g Honig
3 Blatt weiße Gelantine
3/8 l Sahne
1 Packung kandierte Früchte
100 g Belegkirschen, bunt
Minzblättchen
evtl. Kirschsauce

Bratäpfel mit Eissauce

4 mittelgroße Äpfel
50 g gemahlene Mandeln
3 EL Honig
3 EL Aprikosenkonfitüre
Für die Sauce:
1/2 Paket Vanille-Eis
4 EL Aprikosenkonfitüre

Die Äpfel waschen und trockentupfen. Das Kerngehäuse mit einem Apfelausstecher herausstechen. Mandeln, Honig und Aprikosenkonfitüre miteinander verrühren. Die Äpfel auf eine feuerfeste Platte oder in eine Auflaufform setzen. Die Masse hineinfüllen und die Äpfel im vorgeheizten Backofen bei 220 Grad 30–35 Minuten backen. Für die Sauce das Eis etwas antauen lassen und mit der Aprikosenkonfitüre cremig rühren. Vor dem Servieren über die Bratäpfel geben.

Wein-Gelee mit Honigfrüchten

2 Kiwi
2 Nektarinen
150 g Brombeeren
80 g Honig (am besten schmeckt Lindenhonig)
Saft von 1 Zitrone
1 Prise Kardamom

Für das Gelee:
6 Blatt Gelatine
1/4 l Weißwein
100 g Honig
Saft von 1 Zitrone

Außerdem:
1/8 l Schlagsahne
1 TL Vanillezucker
2 TL gehackte Pistazien

Die Kiwis schälen und in Scheiben schneiden. Nektarinen häuten, halbieren, entsteinen und in dünne Spalten schneiden. Mit den gewaschenen, abgetropften Brombeeren mischen. Honig, Zitronensaft und Kardamom verrühren. Auf die Früchte gießen, locker mischen und durchziehen lassen.

Für das Gelee die Gelatine in kaltem Wasser einweichen. Wein und Zitronensaft erhitzen, Gelatine ausdrükken und sorgfältig unterrühren, bis sie sich aufgelöst hat. Den Honig hinzugeben und die Weinmischung abkühlen lassen. Den Fruchtsalat – ein bis zwei Kiwischeiben und vier Brombeeren zum Garnieren zurücklegen – in hübsche Dessertgläser verteilen. Die Gelierflüssigkeit aufgießen und zum Gelieren für ca. 3 Stunden in den Kühlschrank stellen. Schlagsahne und Vanillezucker mischen und steifschlagen. In einen Spritzbeutel (glatte oder Sterntülle) füllen. Weingelee mit Sahne, Kiwischeiben und Brombeeren garnieren und mit den gehackten Pistazien bestreuen.

- 250 g Vollwertmehl
- 2 Päckchen Naturvanillezucker
- 1 Msp. Salz
- 4 Eier
- 1/2 l Milch
- 200 g Honig
- 150 g gehackte Haselnüsse
- 60 g gemahlene Mandeln
- 3 EL Rum
- 50-75 g Butter

Honig-Nuß-Crêpes

Das Mehl mit Vanillezucker, Salz, Eiern und Milch verrühren. Einige Zeit zum Quellen stehen lassen. Den Honig leicht erwärmen, die Nüsse, Mandeln und den Rum unterrühren. In Butter nacheinander acht Crêpes backen, dabei nur sehr wenig Teig verwenden, damit die Crêpes schön dünn werden. Noch heiß mit der Honig-Nuß-Masse bestreichen und zu einem Dreieck zusammenfalten.

Der Tip

Wenn Sie gerne Crêpes backen, lohnt sich die Anschaffung einer Crêpe-Pfanne. Sie hat einen Durchmesser von etwa 16 cm und darf nur für das Backen der hauchzarten Eierkuchen verwendet werden.

Honig-Sahne-Eis

(für 10 Portionen)

Den Honig mit den Eigelben, dem Zitronensaft und der abgeriebenen Zitronenschale in einen Mixer geben oder mit dem Handrührgerät sehr schaumig schlagen. Die Sahne und den Joghurt dazugeben und aufschlagen. Zum Schluß die Pistazien daruntermischen. Die Masse in eine Aluschale füllen und im Gefrierfach oder in der Eismaschine festwerden lassen, dabei immer wieder umrühren. Zum Servieren mit frischen oder tiefgekühlten Beeren garnieren.

100 g Honig
3 Eigelb
Saft und abgeriebene Schale von 1 unbehandelten Zitrone
200 ml Sahne
200 g Joghurt
50 g gehackte Pistazien

Gefüllte Honig-Crêpes

Für die Sauce die Aprikosen mit kochendem Wasser übergießen, kalt abschrecken und abziehen. Die Aprikosen halbieren, entsteinen und pürieren. Mit Honig und Slibowitz mischen, mit Anis abschmekken und kaltstellen.
Mehl und Salz in eine Schüssel geben, die Flüssigkeit sorgfältig unterrühren, dann Eier und Eigelb untermischen. Abschmecken und eine Stunde ziehen lassen. Jeweils ein Stück Butterschmalz in einer Pfanne von 15 cm Durchmesser erhitzen. Nacheinander acht dünne Crêpes backen. Vor dem Einfüllen immer den Teig umrühren, weil sich das Mehl absetzt. Die Crêpes – aufeinandergelegt – im Backofen warmhalten. Zum Füllen die Crêpes mit Honig bestreichen. Je zwei auf einem Teller anrichten. Je eine Kugel Vanille- und Erdbeereis und zwei halbierte Erdbeeren anlegen. Eis mit dem restlichen Honig beträufeln und die Sauce dekorativ angießen.

Für die Sauce:
400 g frische Aprikosen
40 g Honig (am besten schmeckt Kleehonig)
1 EL Slibowitz (Aprikosenschnaps)
1 Prise gemahlener Anis
Für den Teig:
60 g Mehl
1 Prise Salz
1/8 l halb Milch, halb Wasser
2 Eier
1 Eigelb
ca. 60 g Butterschmalz zum Backen
Zum Füllen:
120 g Honig
je 4 Kugeln Vanille- und Erdbeereis
8 Erdbeeren

- *8 Löffelbisquits*
- *1 EL Rum*
- *4 Eigelb*
- *100 g Zucker*
- *2 EL würziger Honig*
- *1 Msp. Salz*
- *7 cl Orangensaft*
- *abgeriebene Schale von 1 unbehandelten Orange*
- *1 TL Ingwerpulver (oder 1 gehackte, eingelegte Ingwerknolle)*
- *1 gehäufter EL Mehl*
- *4 Eiweiß*

Für die Sauce:

- *1 Mango, geschält und durch ein Sieb gestrichen*
- *gehackte Pistazien*
- *Belegkirschen*

Yogis Orangensoufflé

Die Löffelbisquits mit dem Rum tränken und durchziehen lassen. Die Eigelbe mit dem Zucker weißschaumig rühren, dann den Honig und das Salz dazuschlagen. Den Orangensaft mit der abgeriebenen Orangenschale gut vermischen. Das Ingwerpulver und das Mehl darübersieben und gut unterrühren. Das steif-, aber nicht trockengeschlagene Eiweiß unterziehen. Die Masse in eine gefettete, mit Zucker ausgeschwenkte Souffléform gießen – oder auf mehrere kleine Formen verteilen. Im vorgeheizten Backofen bei 180 Grad 30 Minuten backen und sofort servieren. Dazu das Mangomark mit gehackten Pistazien und Belegkirschen reichen.

Festlicher Kuchen & Kleine Honigkuchen

Das Rezept dazu auf Seite 103

Kuchen & Gebäck

- 500 g Weizenmehl Typ 1050
- 1 TL braunen Zucker
- 1 Würfel Hefe (42 g) oder 1 Päckchen Trockenhefe
- ca. 300 ccm Flüssigkeit (1/2 Wasser, 1/2 Milch)
- 1 Ei
- etwas Meersalz
- 4-5 EL flüssigen Honig
- Saft von 1 Orange
- etwas abgeriebene ungespritzte Orangenschale
- 2 EL braunen Zucker
- 1 Platte Kokosfett zum Fritieren

Honigkrapfen

Weizenmehl in eine Schüssel sieben, in die Mitte eine Mulde drücken. (Trockenhefe kann sofort vermischt werden.) Hefewürfel mit Zucker und etwas lauwarmer Flüssigkeit verrühren und in die Mulde geben, etwa 15 Minuten gehen lassen. Dann die übrigen Zutaten einarbeiten, gut durchkneten und weitere 30 Minuten gehen lassen. Nochmals durchkneten und den Teig ca. 2–3 cm dick auswellen. Mit einem Trinkglas (mittlerer Öffnung) ca. 12 Plätzchen ausstechen. Nochmals ca. 20 Minuten bei guter Zimmertemperatur gehen lassen.

Inzwischen das Kokosfett in einem nicht zu weiten Topf heiß werden lassen, jeweils drei Krapfen hineingeben und von beiden Seiten jeweils 3–4 Minuten bei zurückgedrehter Flamme backen. Anschließend auf Küchenkrepp abtropfen lassen und mit braunem Zucker bestreuen.

- 150 g feingemahlenen Weizenschrot
- 350 g Weizenmehl Typ 1050
- 1 Würfel Hefe oder 1 Päckchen Trockenhefe
- 1/4 l Milch
- 50 g braunen Zucker
- 3 Eier
- 30 g ungehärtete Pflanzenmargarine
- 50 g Marzipanrohmasse
- 1 Platte Kokosfett
- 2 EL Honig
- 1 Schuß heißes Wasser
- 2 EL Mandelblättchen

Mandelkrapfen

Weizenschrot und Mehl in eine Schüssel sieben, in die Mitte eine Mulde drücken (Trockenhefe kann sofort mit Mehl vermischt werden). Hefewürfel mit 1 Teelöffel Zucker und etwas lauwarmer Milch verrühren und in die Mulde geben, ca. 15 Minuten gehen lassen. Aus dem restlichen Zucker, den Eiern, der Margarine und Marzipanrohmasse eine Schaummasse rühren und zusammen mit dem Vorteig zu einem glatten Hefeteig verarbeiten, dabei gut durchkneten. Nochmals ca. 30 Minuten gehen lassen, dann gleichmäßige Kugeln formen und diese weitere 15–20 Minuten gehen lassen. Wie die Honigkrapfen in heißem Pflanzenfett fritieren, danach abtropfen lassen. Honig mit etwas heißem Wasser verdünnen, die Krapfen damit bestreichen und mit Mandelblättchen bestreuen. Kurze Zeit später servieren.

Honigkuchen in der Pastetenform

(für 2 Pastetenformen à 3/4 Liter Inhalt)

Die Butter und den Honig mit dem Zucker in einen Topf geben und erhitzen, bis der Zucker ganz aufgelöst ist, dann etwas abkühlen lassen. In die noch lauwarme Masse Salz, Zitronenschale und Rum geben sowie nacheinander die Eier unterrühren. Kakao, Mehl mit Backpulver und Honigkuchengewürz mischen, sieben und eßlöffelweise dem Teig zufügen. Zum Schluß die Früchte und Mandeln unterheben. Die beiden Formen ausbuttern und mit Semmelbrösel ausstreuen. Den Teig gleichmäßig einfüllen und die Oberfläche glattstreichen. Im vorgeheizten Backofen bei 190 Grad beide Formen etwa 60 Minuten backen. Stäbchenprobe machen. Dann aus dem Ofen herausnehmen und in der Form auskühlen lassen. Für den Guß Puderzucker sieben, mit Rum und Wasser zu einem dicken Brei anrühren und die beiden Kuchen damit überziehen. Die ganzen Pistazien zweimal durchschneiden und dann vielleicht einen Tannenzweig als Verzierung der Oberfläche anbringen.

200 g Butter
450 g Honig
200 g Zucker
1 Prise Salz
abgeriebene Schale von 1 unbehandelten Zitrone
4 cl braunen Rum
5 Eier
50 g Kakao
550 g Mehl
1 Päckchen Backpulver
1 TL Honigkuchengewürz (Fertigprodukt)
je 75 g feingewürfeltes Zitronat und Orangeat
80 g gehackte Mandeln
Für den Guß:
200 g Puderzucker
1-2 EL Rum
1 EL heißes Wasser
1-2 EL Pistazien

Wirthschafts-Waage
Mehl

Lebkuchen mit Zitronenglasur

- 3-4 Eier
- 200 g Honig
- 1 Msp. Natur-Vanille
- 100 g gehacktes Zitronat
- abgeriebene Schale von 1 unbehandelten Zitrone
- je 1 Msp. Nelken, Piment und Kardamom
- 1 TL Zimt
- 200 g geriebene Mandeln
- 50 g gehackte Mandeln
- 250 g Weizenmehl
- 1 TL Weinstein-Backpulver (Reformhaus)
- evtl. etwas Milch

Für die Zitronenglasur:

- 30 g Butter
- Saft von 1/2 unbehandelten Zitrone
- abgeriebene Schale von 1 unbehandelten Zitrone
- 3 EL Ahornsirup
- 1 Msp. Johannisbrotkernmehl (Reformhaus)

Eier und Honig zu einer Schaummasse rühren. Zitronat, Zitrone, Gewürze und die geriebenen Mandeln zufügen, zum Schluß das Mehl und Backpulver einarbeiten. Wenn der Teig zu fest wird, etwas Milch zugeben. Die Masse dann auf rechteckige oder runde Oblaten streichen, dabei das Messer immer wieder in kaltes Wasser tauchen. Bei 180–200 Grad in etwa 20–25 Minuten backen.

Für die Glasur die Butter erwärmen, Zitronenschale und -saft sowie den Ahornsirup zugeben und so lange kochen, bis die Masse dicklich wird. Das Johannisbrotkernmehl unterrühren und auf die Lebkuchen streichen. Anschließend gut trocknen lassen.

Advents-Lebkuchen

- 3 Eier
- 100 ml Rübensirup
- 150 g flüssigen Honig
- 150 g geriebene Mandeln
- 150 g geriebene Haselnüsse
- 50 g feingehacktes Zitronat
- 50 g feingehacktes Orangeat
- 2 TL Zimt
- 1/2 TL Nelken
- 1/2 TL Kardamom
- 250 ml Milch
- 350 g Weizenmehl
- 150 g Roggenmehl

Die Eier mit dem Rübensirup und dem Honig verrühren. Die übrigen Zutaten zufügen, alles gut verrühren und dann mit der Hand verkneten. Der Teig sollte nicht zu fest sein, da er in dem einen Tag Aufbewahrungszeit im Kühlschrank noch Flüssigkeit aufnimmt.

Am nächsten Tag den Teig auf einem mit Backpapier ausgelegten Backblech ca. 1 cm dick ausrollen und mit Mandeln garnieren. Etwa 20 Minuten bei 180 Grad backen und dann in Vierecke oder Rauten schneiden. Aus dem Teig können vor dem Backen auch Figuren ausgestochen werden.

Der Tip

Lebkuchen lassen sich bis zu vier Wochen in einer geschlossenen Dose aufbewahren. Sind sie hart geworden, die Dose leicht geöffnet bei kühlem Winterwetter an die Luft stellen.

1 kg Bienenhonig
1/4 l Wasser
800 g Weizenmehl
450 g Roggenmehl
40 g Lebkuchengewürz
25 g Natron
Butter zum Bestreichen des Backblechs
1/2 Eiweiß
etwa 150-180 g Puderzucker
100 g Marzipan-rohmasse
50 g Puderzucker

Knuspriges Weihnachtspaket

(für 2 Pakete)

Den Honig mit dem Wasser kurz aufkochen und dann abkühlen lassen. Das Mehl auf ein Backbrett sieben. In die Mitte eine Vertiefung drücken, das Lebkuchengewürz und Natron zugeben und den abgekühlten Honig zugießen. Davon einen glatten Teig kneten und möglichst über Nacht ruhen lassen. Dann auf einer bemehlten Arbeitsfläche etwa 5–6 mm stark ausrollen. Pro Paket je 2 Platten von 23 × 7 cm (für die Längsseiten) und 15 × 7 cm (für die Schmalseiten) ausschneiden. Die Bodenplatte wird 21 × 15 cm groß und der Deckel 23 × 17 cm ausgeschnitten. Die Einzelteile auf leicht gefettete Backbleche legen und mit einer Gabel oder starken Nadel einstechen, damit der Teig beim Backen keine Blasen wirft. Im vorgeheizten Backofen bei 200 Grad etwa 15–20 Minuten hellbraun backen. Aus Eiweiß und Puderzucker eine nicht zu weiche Spritzglasur rühren und das Paket damit zusammensetzen. Sollten die einzelnen Teile keine geraden Kanten haben, diese mit einem Messer zuschneiden. Die Ränder des Bodens mit Glasur bespritzen und die Seitenteile dransetzen, die ihrerseits an den Kanten auch mit Glasur verklebt werden müssen. Für die Schilder wird die Marzipanrohmasse mit dem Puderzucker verknetet, ausgerollt und dann wie auf dem Bild ersichtlich verarbeitet. Zum Garnieren kann die Eiweißglasur beliebig gefärbt werden (mit Lebensmittelfarbe) oder man verwendet dafür konfektionierte bunte Glasuren.

Spanischer Nußkranz

Die weiche Butter mit dem Honig und den Eiern schaumig rühren, Vollmeersalz, abgeriebene Zitronenschale, geriebene Haselnüsse und die Milch dazurühren. Weizenvollkornmehl mit Backpulver mischen und unterziehen. Den Teig in eine gefettete, mit Semmelbrösel ausgestreute Kranzform füllen und bei 175 Grad auf der untersten Schiene ca. 1 Stunde backen. Den fertigen Kuchen auf eine Porzellanplatte stürzen. Rum, Wasser und Honig gut verrühren und diese Flüssigkeit langsam und gleichmäßig über den warmen Kuchen gießen oder mit einem Pinsel auftragen. Einen Tag auskühlen lassen.

250 g Butter
250 g Honig
4 Eier
1 Msp. Vollmeersalz
Schale von 1 ungespritzten Zitrone
250 g Haselnüsse
1/4 l Milch
400 g Weizenvollkornmehl
2 TL Backpulver
1/10 l Rum 40%ig
1/10 l Wasser
50 g Honig

Biskuittorte mit Ananas

Eine Springform von ca. 20 cm Durchmesser mit Backpapier auslegen. Den Ofen auf 175 Grad vorheizen. Die Eier trennen. Das Eigelb mit dem Honig in eine Rührschüssel geben und cremig rühren. Das Eiweiß in einem getrennten Rührbecher zu steifem Schnee schlagen. Das Mehl mit dem Backpulver mischen. Die Butter am besten im Wasserbad zerlassen (nicht heiß werden lassen). Die Eigelb-Honig-Creme und die Mehlmischung auf den Eischnee geben und unterziehen, zum Schluß die flüssige Butter einrühren. Die Teigmasse in die Springform füllen und glattstreichen. Auf der zweituntersten Schiene im Backofen 20 bis 30 Minuten backen. Den Kuchen aus der Form lösen und auf einem Kuchenrost erkalten lassen. Die Ananasstücke und -ringe abtropfen lassen. Die Ananasstücke im Mixer pürieren. Die Sahne mit Sahnesteif und Vanillezucker in einer Rührschüssel mit dem elektrischen Rührhaken zu steifem Schnee schlagen. Den erkalteten Kuchen zweimal quer durchschneiden, so daß drei Böden entstehen. Den untersten Boden auf eine Kuchenplatte legen und mit 2 Eßlöffel Sahne bestreichen. Etwa 3 Eßlöffel Ananaspüree daraufgeben und wieder Sahne auf das Püree geben. Den zweiten Boden darauflegen und ebenso mit Sahne und Püree bestreichen. Mit dem dritten Boden abdecken. Die Torte rundum mit Sahne bestreichen und mit den Ananasringen garnieren. Zum Schluß mit dem Spritzbeutel kleine Sahnerosetten auf Ananas und Torte setzen. Mit Pistazien bestreuen und kühlstellen.

5 Eier
200 g Honig
200 g Weizenmehl
1/2 TL Backpulver
1 EL Butter oder Margarine
1/2 l süße Sahne
2 Päckchen Sahnesteif
1 Päckchen Vanillezucker
1 große Dose Ananasringe (490 g Abtropfgewicht)
1 große Dose Ananasstücke 490 g Abtropfgewicht)
1 TL gehackte Pistazien

Vollwertkuchen vom Blech

360 g Weizen
150 g Dinkel
100 g Hirse
1/4 l Milch
30 g Hefe
50 g Honig
5 EL Ahornsirup
1 Prise Salz
1 Eigelb
100 g Butter
Für den Belag:
50 g Sultaninen
2 EL Rum
1 1/4 l Milch
125 g Vollwertgrieß
100 g Walnüsse
150 g Honig
250 g Mohn
2 Eier
1 Msp. Naturvanille

Das Getreide zu feinem Mehl mahlen und gut mischen. Die zerbröckelte Hefe in lauwarmer Milch in einem kleinen Topf auflösen, 4 Eßlöffel von dem gemischten Mehl einrühren, den Honig und Ahornsirup zufügen. Die Masse mit einem Tuch bedecken und an einem warmen Ort etwa 30 Minuten gehen lassen. Unterdessen das übrige Mehl mit Salz in eine Rührschüssel sieben, in die Mitte eine Vertiefung drücken, das Eigelb hineingeben. Die Butter in Flöckchen auf dem Mehlrand verteilen. Den aufgegangenen Vorteig in die Mitte gießen und alle Zutaten zu einem glatten Teig verarbeiten. Den Teig mit einem Rührlöffel so lange schlagen, bis er Blasen wirft. Dann mit einem Tuch abdecken und 30 Minuten gehen lassen.
Inzwischen die Sultaninen waschen, auf Küchenpapier abtrocken und mit dem Rum beträufeln. Die Milch aufkochen lassen, den Grieß hineinstreuen und aufquellen lassen, bis ein dicker Brei entstanden ist. Die Walnüsse grob mahlen und mit dem Honig und den eingeweichten Sultaninen unter den Grießbrei mischen. Den Mohn fein mahlen und unter die eine Hälfte des Grießbreis mischen. Die Eier trennen und die zweite Hälfte vom Brei mit dem Eigelb und der Vanille verrühren. Das Eiweiß steif schlagen und unter die mit Eigelb verrührte Masse ziehen.
Den inzwischen aufgegangenen Teig nochmals durchkneten und auf einem eingefetteten Backblech ausrollen, dann noch etwa 10 Minuten ruhen lassen. Danach zuerst den Mohnbrei gleichmäßig darauf verstreichen und darüber die mit Eiern bereitete Masse verteilen. Das Blech in den vorgeheizten Backofen schieben und bei 190 Grad in 40 Minuten backen.
Dieser Kuchen schmeckt warm am besten.

Himbeer-Biskuitrolle

100 g Weizen
50 g Buchweizen
40 g Butter
6 Eier
130 g Honig
1 Prise Salz
5 EL Vollrohrzucker
2 Becher Schlagsahne à 200 g
1/2 TL Biobin (Reformhaus)
250 g TK-Himbeeren

Weizen und Buchweizen zu feinem Mehl mahlen. Butter in einem Topf zerlassen. Die Eier trennen, Eigelbe und Honig schaumig schlagen, das flüssige Fett und das Mehl dazugeben. Die Eiweiße mit einer Prise Salz steifschlagen und vorsichtig unter den Teig heben. Die Biskuitmasse auf ein mit Backtrennpapier ausgelegtes Backblech streichen. Das Blech in den Backofen schieben, auf 225 Grad schalten und etwa 18 Minuten backen. Danach die Teigplatte auf ein mit Vollrohrzucker bestreutes Tuch stürzen. Mit einem feuchten Tuch abdecken und auskühlen lassen.
Für die Füllung die Sahne steifschlagen und Biobin unterrühren. Die Hälfte der Sahne mit den zuvor aufgetauten Himbeeren verrühren. Einige Himbeeren zur Dekoration beiseite legen. Die Himbeersahne mit dem restlichen Zucker süßen. Das Papier vom Biskuit entfernen. Die Himbeersahne auf die Teigplatte streichen und alles mit Hilfe des Küchentuches aufrollen. Die Rolle mit der restlichen Sahne bestreichen und mit den zurückbehaltenen Himbeeren belegen.

Der Tip

Der saftige Kuchen schmeckt auch mit frischen Sommerfrüchten, z. B. Erdbeeren, Johannisbeeren, Stachelbeeren oder Heidelbeeren traumhaft gut.

Bananen-Limetten-Tarte

(für 1 Tarte oder Springform von 24 cm Durchmesser)

Für den Teig:
- *100 g gemahlener Dinkel*
- *70 g gemahlener Weizen*
- *50 g Vollrohrzucker*
- *1/4 TL gemahlene Vanille (Reformhaus)*
- *80 g kalte Butter*
- *1 kleines Ei*
- *Butter für die Form*

Für den Belag und Guß:
- *100 ml Sahne (30 % Fett)*
- *4 Limetten*
- *1 Ei*
- *1 Eigelb*
- *2 1/2 EL Akazienhonig*
- *50 g gemahlene Mandeln*
- *4 mittelgroße Bananen*
- *1 TL Tortenguß*

Aus den Zutaten einen Teig kneten und eine Stunde kaltstellen. Den Teig ausrollen, dabei einen 2 1/2 cm hohen Rand stehen lassen. Mit einer Gabel Löcher einstechen und bei 200 Grad 15 Minuten vorbacken. 3 Limetten abreiben und auspressen. Das Ei, Eigelb, 2 Eßlöffel Honig und 3 Eßlöffel Limettensaft schaumig rühren, dann 2 Teelöffel abgeriebene Limettenschale und die Mandeln unterziehen sowie die geschlagene Sahne unterheben. Auf dem vorgebackenen Boden die Scheiben von 2 Bananen auslegen, die Creme darüber verteilen und bei 180 Grad 25 Minuten backen. Danach abkühlen lassen. Die vierte Limette und 2 Bananen in dünne Scheiben schneiden und abwechselnd kreisförmig auf der Tarte anordnen. Den Guß aus Wasser, Honig und Limettensaft aufkochen und damit überziehen.

Kiwi-Trauben-Kuchen

- *250 g Weizenmehl*
- *1 Msp. Backpulver*
- *1 Prise Salz*
- *60 g Zucker*
- *1 Ei*
- *abgeriebene Schale von 1 ungespritzten Zitrone*
- *100 g kalte Butter*
- *100 g gemahlene Haselnüsse*
- *125 g Honig*
- *125 g gemahlene Haselnüsse*
- *1 EL Rum*
- *6 Kiwis*
- *50 g blaue Weintrauben*
- *1 Päckchen klarer Tortenguß*
- *1/8 l Wasser*
- *1/8 l trockener Weißwein*

Mehl mit Backpulver in eine Schüssel sieben, Salz zufügen, in die Mitte eine Mulde eindrücken, Zucker, Ei und Zitronenschale hineingeben. Die Butter in Flöckchen dazugeben und die Zutaten zu einem geschmeidigen Teig verkneten. Nach und nach die gemahlenen Haselnüsse hinzufügen, den Teig zu einer Kugel formen und in Alufolie verpackt etwa 30 Minuten in den Kühlschrank legen. Danach den Teig ausrollen und eine gut gefettete Springform (Durchmesser 26 cm) damit auslegen. Den Teig am Springformrand etwas hochziehen und den Boden mit einer Gabel einstechen. Die Form in den auf 175 Grad vorgeheizten Backofen schieben und etwa 20 Minuten backen. Für die Nußmasse den Honig erhitzen, mit den restlichen Haselnüssen und dem Rum vermengen und auf den erkalteten Teig streichen. Für den Belag die Kiwis schälen und in Scheiben schneiden. Die Weintrauben waschen, halbieren, entkernen und das Obst auf die fast erkaltete Nußmasse geben. Den Tortenguß mit Wasser und Weißwein nach Vorschrift zubereiten, über das Obst geben und fest werden lassen.

Honeymoon

(für ca. 20 Stück)

Den Honig mit dem Vanillezucker und der Butter in einen Topf geben und bei niedriger Hitze zerlassen. Die Masse abkühlen lassen und die

zimmerwarmen Eier nach und nach unterrühren. Unter weiterem Rühren die Konfitüre, den Rum und die Gewürze zugeben. Das Mehl mit dem Kakao und Backpulver mischen und langsam zu der Masse sieben, dabei ständig weiterrühren. Die Erdnüsse sowie die gewaschenen, gut abgetropften Rosinen unterheben. Den Teig in eine gefettete Kranzform füllen und glattstreichen. Im vorgeheizten Ofen auf der zweiten Schiene von unten bei 190 Grad 35 bis 40 Minuten backen. Auf ein Kuchengitter stürzen und etwas auskühlen lassen. In der Zwischenzeit aus dem gesiebten Puderzucker und Zitronensaft einen dickflüssigen Guß rühren, über den Kuchen geben und mit Rosinen und halbierten Erdnüssen verzieren.

250 g Honig
1 Päckchen Vanillezucker
150 g Butter oder Margarine
2 Eier
3 EL Apfelsinenkonfitüre
1 EL Rum
je 1 Msp. gemahlene Nelken, Muskatblüte und Kardamom
1/4 TL Zimt
Schale von 1/2 unbehandelten Zitrone
380 g Weizenmehl
2 gestrichene EL Kakao
1 Päckchen Backpulver
100 g gemahlene, ungesalzene Erdnüsse
100 g Rosinen
Für den Guß und zum Verzieren:
200 g Puderzucker
3-4 EL Zimt
Rosinen und Erdnüsse

Orangen-Sahnetorte „Sunflower"

(für 16 Stücke)

Für den Mürbeteig:
30 g feingeriebene Sonnenblumenkerne
120 g feingemahlener Dinkel
1 EL Vollrohrzucker
80 g kalte Butter
1 Eigelb
3 EL Orangenmarmelade
Für den Biskuitboden:
1 Orange
4 Eiweiße
2 1/2 EL Akazienhonig
4 Eigelbe
120 g feingemahlener Dinkel
60 g feingeriebene Sonnenblumenkerne
Zum Füllen und Garnieren:
5 Blatt weiße Gelatine
3 unbehandelte Orangen
400 ml Sahne
2 Eigelbe
1 1/2 EL Akazienhonig
100 g gehackte Sonnenblumenkerne

Den Backofen auf 180 Grad vorheizen. Aus den Zutaten einen Mürbeteig zubereiten, rund 26 cm Durchmesser auswellen und einen Springformboden auslegen. Mit einer Gabel mehrfach einstechen und 12–15 Minuten backen. Auskühlen lassen und mit der Orangenmarmelade bestreichen.

Die Orange auspressen, 3 Eßlöffel davon abnehmen, den Rest kühlstellen. Die Eiweiße mit den 3 Eßlöffel Orangensaft sehr steifschlagen. Den Honig und die Eigelbe nach und nach unterrühren und weiterschlagen, bis eine feste cremige Masse entsteht. Das Dinkelmehl und die Sonnenblumenkerne mischen und unter den Eischaum heben. Eine Springform mit Backtrennpapier auslegen, den Teig daraufstreichen und diesen auf der unteren Schiene 25–30 Minuten backen. Nach 20 Minuten mit Pergamentpapier abdecken, auskühlen lassen, stürzen und das Papier abziehen. Den Boden nach 3–4 Stunden quer durchschneiden. Die eine Biskuitbodenhälfte auf den Mürbeteig setzen.

Für die Füllung die Gelatine einweichen. Eine Orange waschen, fein abreiben, filetieren und die Filets in kleine Stücke schneiden. Die zweite Orange sehr dünn abschälen und die Schale in Streifen schneiden. Die Orange auspressen und mit dem kühlgestellten Saft auf 180 ml ergänzen. 200 ml Sahne steifschlagen, anschließend kühlstellen. Die Eigelbe mit dem Honig cremig schlagen. 1 Teelöffel geriebene Orangenschale unterrühren. Die ausgedrückte Gelatine mit 3 Eßlöffel Orangensaft auflösen, den restlichen Orangensaft zugeben und unter

den Eischaum ziehen. Die Sahne unter die Orangencreme heben und die gehackten Sonnenblumenkerne unterziehen. Die Masse auf dem Biskuitboden verstreichen. Die Orangenstücke darauf verteilen. Den oberen Biskuitboden daraufsetzen und abgedeckt 3 Stunden kühlen.

Die restliche Sahne steifschlagen und die Torte damit bestreichen. Die Sonnenblumenkerne an den Tortenrand drücken, die letzte Orange filetieren. Die Torte mit den Sonnenblumenkernen, den Orangenschalenstreifen und den Orangenfilets garnieren.

Der Tip

Achten Sie beim Backen mit Honig darauf, den Backofen nicht zu stark zu erhitzen – eine Temperatur von 200 bis 220 Grad (Gas Stufe 6 bis 7) ist ausreichend –, denn Honig färbt sich rasch dunkel und karamelisiert schnell.

Weizen-Nuß-Makronen

3 Eiweiß
1 Prise Salz
100 g flüssigen Honig
1/2 TL gemahlenen Zimt
2 TL abgeriebene Schale von 1 unbehandelten Orange
Saft von 1 Zitrone
200 g gemahlene Haselnußkerne
40 g Weizenvollkornmehl
Backoblaten (3-4 cm Durchmesser)

Eiweiß mit dem Rührbesen eines Handrührgerätes steifschlagen, Salz und Honig zugeben und weiter steifschlagen. Zimt, Orangenschale sowie Zitronensaft vorsichtig unter die Eiweißmasse rühren. Die Haselnußkerne und das Mehl locker unter die Masse heben. Mit 2 Teelöffeln etwa walnußgroße Häufchen auf Backoblaten geben, dann auf ein Backblech setzen und im vorgeheizten Backofen bei 130–150 Grad ca. 20–25 Minuten backen.

- 300 g Mehl
- 8 EL kaltes Wasser
- 1 EL Essig
- 5 EL Öl
- 1 Prise Salz
- 250 g Honig
- 1/8 l Sahne
- 3 Eigelb
- 4 cl Rum
- 350 g geriebene Haselnüsse
- 1/2 TL gemahlener Zimt
- 20 g Butter zum Bestreichen
- Puderzucker zum Besieben

Honig-Nußstrudel

Das Mehl auf ein Backbrett sieben, in die Mitte eine Vertiefung anbringen, Wasser mit Essig, Öl und Salz in die Mulde geben und mit den Händen von außen nach innen einen geschmeidigen, glänzenden Teig kneten. Den Teig zu einer Kugel formen und zugedeckt stehen lassen. Den Honig leicht erwärmen, die Sahne, die Eigelb und den Rum unterrühren, dann die Nüsse und den Zimt untermischen. Den Teig auf einem leicht bemehlten Baumwolltuch so dünn wie möglich ausrollen. Die Honigmasse gleichmäßig daraufstreichen, dabei jedoch einen schmalen Rand freilassen. Mit Hilfe des Tuches den Strudel aufrollen und an den Enden zusammendrücken. Den aufgerollten Strudel mit der Nahtseite auf ein leicht gefettetes Backblech legen. Mit flüssiger Butter bepinseln und im vorgeheizten Backofen bei 200 Grad auf mittlerer Einschubleiste 40–45 Minuten backen. Zwischendurch den Strudel nochmals mit Butter bestreichen. Nach dem Backen den fertigen Strudel aus dem Ofen nehmen und wieder mit Butter bestreichen. Leicht auskühlen lassen und vor dem Servieren mit Puderzucker bestreuen.

Festlicher Kuchen

- *400 g Weizenmehl Typ 1050*
- *30 g Hefe*
- *1 Tasse lauwarme Milch*
- *2 Päckchen Vanillezucker*
- *4 Eier*
- *etwas Salz*
- *150 g Butter oder ungehärtete Pflanzenmargarine*
- *1 Glas Weißwein (oder 1/4 l Quittensaft)*
- *1/4 l Wasser*
- *3-4 EL milden Honig*
- *2-3 EL gehackte Mandeln oder Pistazien*

Mehl in eine Schüssel geben, in die Mitte eine Mulde drücken, Hefe mit der Milch verrühren und in der Mulde einen Vorteig bereiten, ca. 20 Minuten gehen lassen, bis sich Blasen bilden. Zwischenzeitlich Eier mit Vanillezucker, Salz und nicht zu kalter Butter oder Margarine schaumig schlagen. Alles miteinander verrühren und einen sehr weichen, fast flüssigen Teig herstellen. Ca. 30 Minuten gehen lassen. Nochmals durchrühren und in eine gefettete Gugelhupf- oder Puddingform füllen, danach wieder ca. 20 Minuten gehen lassen, dann bei 200 Grad ca. 50 Minuten backen.
Weißwein und Wasser in einem Topf oder einer Auflaufform, die den Kuchen aufnehmen können, erwärmen und den Honig einrühren. Den erkalteten Kuchen kopfüber in die Flüssigkeit legen, bis er alle Flüssigkeit aufgenommen hat. Dann auf einer tiefen Kuchenplatte anrichten und mit Mandeln und Pistazien garnieren. Dieser Kuchen schmeckt auch sehr gut als Dessert mit Sahne und Kompott.

Kleine Honigkuchen

- *250 g Honig*
- *500 g Rübensirup (Reformhaus)*
- *1/2 Tasse Wasser*
- *500 g fein gemahlenes Weizenschrot oder Weizenmehl Typ 1050*
- *300 g Roggenschrot*
- *1 TL Hirschhornsalz*
- *2 TL Pottasche*
- *1 EL Milch*
- *200 g Marzipan-Rohmasse*
- *50 g Honig*
- *2 Eiweiß*
- *100 g gehackte kandierte Früchte (oder Trockenobst, je nach Geschmack)*
- *100 g gehackte Mandeln*
- *300 g Schokoladen-Kuvertüre*
- *Nußkerne zum Verzieren*

Honig mit Sirup und Wasser aufkochen, dann abkühlen lassen. Weizenschrot oder -mehl, Roggenschrot und das Hirschhornsalz mit der Honigmasse verkneten. Die Pottasche in der Milch auflösen und ebenfalls zugeben. Den Teig in Folie wickeln und 1–2 Tage bei Zimmertemperatur ruhen lassen. Dann die nicht zu kalte Marzipan-Rohmasse mit Honig, Eiweiß, kandierten Früchten und Mandeln mischen. Den Teig ca. 1 – 1 1/2 cm dick ausrollen und nicht zu kleine „Herzformen" damit belegen. Die Füllung in die Mitte geben und eine zweite Teigschicht darüber decken. Die Ränder leicht andrücken und die Kuchen im vorgeheizten Backofen auf der zweiten Schiene von unten bei ca. 200 Grad ca. 20–30 Minuten backen. Nach dem Erkalten mit geschmolzener Kuvertüre bestreichen und mit Nußkernen garnieren.

Hefestollen mit Mandelfüllung

- *Für den Teig:*
- *500 g Weizenvollkornmehl*
- *1 Päckchen Trocken-Backhefe*
- *100 g flüssigen Honig*
- *Meersalz*
- *1 Ei*
- *80 g zerlassene Butter*
- *2 EL Speiseöl*
- *1/4 l lauwarme Milch*
- *abgeriebene Schale von 1 unbehandelten Zitrone*
- *Für die Füllung:*
- *150 g abgezogene, gemahlene Mandeln*
- *6 Stück abgezogene, gemahlene bittere Mandeln*
- *3 EL flüssigen Honig*
- *1 TL Zitronensaft*
- *1 EL Schlagsahne*

Für den Teig das Mehl in eine Rührschüssel geben, mit der Trocken-Backhefe sorgfältig mischen, die restlichen Zutaten hinzufügen und mit einem Handrührgerät mit Knethaken zunächst auf niedrigster, dann auf höchster Stufe in etwa 5 Minuten zu einem Teig verarbeiten, falls er kleben sollte, noch etwas Mehl hinzufügen. Den Teig so lange an einem warmen Ort stehenlassen, bis er sich sichtbar vergrößert hat, danach auf höchster Stufe noch einmal durchkneten und den Teig zu einem Rechteck von etwa 35 x 45 cm ausrollen.
Für die Füllung die Mandeln, den Honig, Zitronensaft und Schlagsahne verrühren, so daß eine geschmeidige Masse entsteht. Die Mandelmasse auf das Teigrechteck streichen, den Teig von der längeren Seite her aufrollen, einmal längs durchschneiden und beide Stränge umeinanderschlingen. Den Stollen auf ein mit Backtrennpapier belegtes Backblech legen, nochmals an einem warmen Ort gehen lassen, bis er sich sichtbar vergrößert hat. Dann das Blech in den vorgeheizten Backofen schieben und bei 175–200 Grad etwa 30 – 40 Minuten backen.

Für den Teig:
200 g Dinkel
3 EL Sucanat (Reformhaus)
2 Msp. Zimt
80 g kalte Butter
1 Ei
Für die Füllung:
60 g Sonnenblumenkerne
500 g mürbe säuerliche Äpfel
1 EL Zitronensaft
2 Eiweiß
2 EL Honig
2 Eigelb
abgeriebene Schale von 1/2 Zitrone
10 g Butter
2 Msp. gemahlene Vanille
100 ml Sahne
3 Msp. Zimt

Julies kerniger Apfelkuchen

(für 12 Stücke)

Den Dinkel feinmahlen, 2 gestrichene Eßlöffel Mehl von der obersten Schicht abnehmen und für den Guß beiseite stellen. Das Mehl, das Sucanat und den Zimt mischen. Die Butter in Flöckchen darüber verteilen und mit dem Knethaken der Küchenmaschine gleichmäßig verkrümeln. Das Ei dazugeben und zu einem glatten Teig verkneten, zugedeckt 30–60 Minuten kalt stellen.
Die Sonnenblumenkerne in einer trockenen Pfanne unter Wenden leicht rösten. Eine Springform (26 cm Durchmesser) einfetten, mit ausgerolltem Teig auslegen und einen Rand von 2 1/2 cm hochziehen. Den Teigboden mehrmals mit einer Gabel einstechen und auf der unteren Einschubleiste im Backofen bei 200 Grad 15–20 Minuten vorbacken. Inzwischen die Äpfel schälen, vierteln, entkernen und in dünne Schnitze schneiden. Den Boden kreisförmig dicht mit den Äpfeln belegen. Die Äpfel mit Zitronensaft bestreichen. Den Kuchen 10–12 Minuten backen. Unterdessen die Eiweiße steifschlagen, 1 Eßlöffel Honig langsam hineinlaufen lassen und zu einer festen Schaummasse schlagen, dann die Eigelbe unterrühren. Das zurückbehaltene Mehl darüberstäuben und die Zitronenschale darüberreiben. Alle Zutaten vorsichtig mischen und die Schaummasse über den Äpfeln verteilen. Den Kuchen bei 200 Grad noch etwa 15 Minuten backen, bis die Oberfläche hellbraun ist.
Den restlichen Honig in einer Pfanne zerlassen und die Sonnenblumenkerne darin wenden. Die Butter und das Vanillepulver unterrühren. Die Sonnenblumenkerne auf dem Kuchen verteilen und für 3 Minuten in den ausgeschalteten Backofen stellen. Die Apfeltorte auf einem Kuchengitter 2–3 Minuten abkühlen lassen, dann den Springformrand entfernen. Die Sahne mit dem Zimt steifschlagen und den Kuchen mit Sahnetupfern garnieren.

Nürnberger Lebkuchen

- *3-4 Eier (je nach Größe)*
- *150 g Honig*
- *75 g geschnittenes Zitronat*
- *je 1 Msp. Vanille, gemahlene Nelken, Piment, Kardamom*
- *1 TL Zimt*
- *200 g geriebene Nüsse*
- *250 g feingemahlenes Weizenvollkornmehl*
- *1 1/2 TL Weinsteinbackpulver*

Die Eier mit Honig und Vanille zu einer dicklichen Masse schlagen. Zitronat, Gewürze und Mandeln hinzugeben, zuletzt das mit Backpulver gemischte Mehl unterrühren. Den Teig etwa fingerdick – mit einem immer wieder in kaltes Wasser getauchten Messer – auf Oblaten streichen und bei 180 Grad im Ofen etwa 20 Minuten backen.

Spritzgebäck mit Nüssen

100 g Butter
100 g Honig
1 Ei
1 Prise Naturvanille
250 g Weizenvollkornmehl
100 g gemahlene Haselnußkerne

Die weiche Butter mit einem Handrührgerät auf höchster Stufe in etwa 1/2 Minute geschmeidig rühren, nach und nach den flüssigen Honig und zum Schluß das Ei unterrühren. Vanille, Weizenvollkornmehl und gemahlene Haselnußkerne hinzufügen und auf mittlerer Stufe die Zutaten zu einem glatten Teig verarbeiten. Den Teig auf der Tischplatte zu einer Rolle formen, diese in eine Gebäckpresse geben und die Plätzchen auf ein bemehltes Backblech spritzen. Das Blech in den vorgeheizten Backofen schieben und bei 175–200 Grad in 10–12 Minuten backen.

Bananentorte mit Mandelbaiser

Für den Teig:
250 g Weizenvollkornmehl
1 TL Backpulver
1 Ei
80 g Honig
Meersalz
1 Prise Naturvanille
100 g Butter
Für den Belag:
1,5 kg Bananen
2 Zitronen
200 g Himbeeren
3 Eiweiß
70 g Honig
75 g gemahlene Mandeln
125 g Kokosraspeln

Für den Teig das Mehl mit dem Backpulver vermischen und in eine Rührschüssel geben. Das Ei, den Honig, eine Prise Salz und Vanille sowie die weiche Butter hinzufügen. Die Zutaten mit dem Knethaken eines Handrührgerätes zunächst auf niedrigster, dann auf höchster Stufe gut durcharbeiten. Anschließend auf der Tischplatte zu einem glatten Teig verkneten, falls er kleben sollte, eine Zeitlang kalt stellen. Etwa 2/3 des Teiges auf dem gefetteten Boden einer Springform (Durchmesser 26 cm) ausrollen und mehrmals mit einer Gabel einstechen. Den Rest des Teiges mit etwas Weizenvollkornmehl verkneten, zu einer Rolle formen, als Rand auf den Teigboden legen und 2–3 cm an der Formwand hochdrücken. Die Form auf den Rost in den vorgeheizten Backofen stellen und bei 175–200 Grad etwa 20 Minuten backen.
Für den Belag die Bananen schälen, in 3 cm dicke Stücke schneiden, mit dem Zitronensaft beträufeln, dann die Scheiben dicht aneinander aufrecht auf den Tortenboden setzen. Die Himbeeren zwischen den Bananen verteilen. Die Eiweiß steifschlagen. Mandeln und Kokosraspeln locker unter die Eiweißmasse heben, dann gleichmäßig auf dem Obst verteilen, glattstreichen und die Form in den auf 200 Grad vorgeheizten Backofen schieben und 12–15 Minuten backen. Geschlagene Sahne mit Honig gesüßt dazu servieren.

Bienenstich

500 g Weizenvollkornmehl
50 g Butter
75 g Honig
1/4 l Milch
30 g Hefe
Schale von 1 unbehandelten Zitrone
1 Prise Salz
Für den Belag:
125 g Honig
200 g Mandelstifte
100 g Butter
2 EL Milch
1 Prise Naturvanille

Das Mehl in eine Schüssel sieben, in die Mitte eine Vertiefung drücken und die in lauwarmer Milch aufgelöste Hefe mit etwas Mehl darin zu einem Brei verrühren. Die Schüssel mit einem Tuch abdecken und den Vorteig 15 Minuten an einem warmen Ort gehen lassen. Danach den Honig, abgeriebene Zitronenschale und eine Prise Salz mit dem gegangenen Teig verrühren. Die weiche, in dünne Stücke geschnittene Butter darübergeben und alles zu einem glatten Teig verkneten. Nochmals etwa 30 Minuten gehen lassen. Unterdessen für den Belag die Butter zerlassen, Honig, Mandelstifte, Vanille und Milch zufügen und unter Rühren aufkochen, dann abkühlen lassen. Wenn der Teig etwa den doppelten Umfang erreicht hat, nochmals gut durchkneten, anschließend auf einem gefetteten Backblech ausrollen.
Die Honig-Mandelmasse gleichmäßig darauf verteilen, den Kuchen noch 10 Minuten gehen lassen, dann im Backofen bei etwa 170 Grad etwa 25 Minuten backen.

100 g Butter
150 g Zucker
50 g Honig
1/8 l Sahne
1 Msp. Salz
abgeriebene Schale von 1/2 Zitrone
180 g Mandelblättchen
30 g feingehacktes Orangeat
100 g Schokoladen-Fettglasur
10 rote Belegkirschen
Für das Backblech:
Alufolie, Butter und Mehl

Florentiner

Zwei Backbleche mit Folie auslegen, mit Butter bestreichen und mit Mehl bestäuben. Den Backofen auf 190 Grad vorheizen. Die Butter, den Zucker, den Honig, die Sahne, das Salz und die Zitronenschale 4–5 Minuten kochen lassen. Die Mandelblättchen und das Orangeat unterrühren. Je 1 gehäuften Eßlöffel der Masse in großen Abständen auf das Backblech setzen. Die Florentiner auf der mittleren Schiebeleiste 10–15 Minuten backen. Die Masse läuft während des Backens sehr breit aus. Entweder vor dem Bakken auf dem Blech in gleichgroße Ausstechringe füllen oder die abgekühlte Masse nach dem Backen auf dem Blech zu Kreisen formen und fest werden lassen. Die Florentiner nach dem Erkalten von der Alufolie ziehen. Die Schokoladen-Fettglasur schmelzen lassen, die glatte Seite der Florentiner damit bestreichen und die Oberseiten mit einer halben Kirsche belegen.

Marmorierte Torte

Das Mehl, die gemahlenen Haselnüsse und den Zucker auf die Arbeitsfläche häufen. Die kalte Butter oder Margarine in Flocken drumherumgeben und 1 Ei in die Mitte schlagen, Backpulver, Salz und Zitronenschale darüberstreuen und alles mit einem großen Messer zerhacken. Anschließend rasch mit den Händen zu einem geschmeidigen Teig verkneten. In Folie gewickelt etwa 30 Minuten in den Kühlschrank stellen. Eine Springform von 26 cm Durchmesser ausfetten, den Teig ausrollen, einlegen und mit einer Gabel einstechen. Im vorgeheizten Backofen bei 190 Grad etwa 15 Minuten hellbraun backen, danach auskühlen lassen.

Für die Quarkmasse die weiche Butter in einer Schüssel schaumig schlagen, dann nach und nach den Honig und die Eier unterschlagen. Den Quark, Zitronensaft und -schale zufügen und alles gut verrühren. Die Gelatine in 1/4 Liter kaltem Wasser quellen lassen, gut ausdrücken und unterrühren. Wenn die Masse dicklich wird, die steifgeschlagene Sahne und das Frutta-Mix unterziehen, auf den Tortenboden in die Springform geben, glattstreichen und im Kühlschrank etwa 2 Stunden kühlen.

Die Saucen in Rührschüsseln füllen und eventuelle Fruchtstückchen mit einer Gabel zerdrücken. In jede Sauce 2 Blatt eingeweichte, aufgelöste Gelatine rühren und sofort in großen Klecksen auf der Torte verteilen. Mit einem dünneren Holzlöffelstiel Schlangenlinien durchziehen, bis ein hübsches marmoriertes Muster entsteht. Die Torte nochmals kalt stellen und vor dem Servieren aus der Form lösen.

Für den Teig:
- 200 g Mehl
- 50 g gemahlene Haselnüsse
- 75 g Zucker
- 125 g Butter oder Margarine
- 1 Ei
- 1 Msp. Backpulver
- 1 Prise Salz
- abgeriebene Schale von 1/2 Zitrone

Für die Quarkmasse:
- 150 g weiche Butter
- 250-300 g Honig
- 4 Eier
- 500 g Speisequark
- Saft von 1 Zitrone
- abgeriebene Schale von 1/2 Zitrone
- 15 Blatt weiße Gelatine
- 1/4 l Sahne
- 1 Beutel Frutta-Mix (200 g)

Für den Guß:
- 1 Flasche Erdbeer-sauce
- 1 Flasche Sahnesauce Vanille Geschmack
- 1 Flasche Wildbeeren-sauce
- 6 Blatt weiße Gelatine

Quark-Rührkuchen

125 g Butter
200 g Honig
3 Eier
125 g Magerquark
Schale von 1 ungespritzten Zitrone
100 g ungeschwefelte Rosinen
12 bittere Mandeln
400 g Weizenvollkornmehl
1 Backpulver
1/8 l Milch

Die Butter, den Honig und die Eier in einer Schüssel mit dem Schneebesen schaumig rühren, den Magerquark, die abgeriebene Zitronenschale, die Rosinen und die geriebenen bitteren Mandeln dazugeben. Weizenvollkornmehl mit dem Backpulver mischen und abwechselnd mit der Milch sorgfältig darunterrühren. Die Masse in eine gut gefettete, mit Semmelbrösel ausgestreute Kastenform füllen und in dem auf 175 Grad vorgeheizten Ofen auf der untersten Schiene 50 bis 60 Minuten backen. Danach auf ein Gitter stürzen und einen Tag auskühlen lassen.

Der Tip

Wenn Sie Honig löffelweise abzumessen haben, gelingt das besser, indem Sie den Löffel oder die Tasse mit Öl oder Butter ausstreichen, damit der Honig nicht klebt. Einfach, aber wirkungsvoll!

Mandel-Honig-Torte

200 g Weizenmehl
1 Prise Salz
100 g zerlassene Butter oder Margarine
2-3 EL Wasser
1-2 EL Konfitüre
Für die Füllung:
4 Eigelb
3 EL Akazienhonig
100 g Zucker
1 EL Speisestärke
2 cl Amaretto
300 g gemahlene Mandeln
4 Eiweiß
Zum Verzieren:
80 g geschälte Mandeln

Aus dem Mehl, dem Salz, der flüssigen Butter und dem Wasser einen Mürbeteig rühren und 30 Minuten ruhen lassen. Den Backofen auf 200 Grad vorheizen. Den Teig ausrollen und in eine gefettete Springform von 26 cm Durchmesser geben. Mit der flachen Hand auf dem Boden der Form verteilen, dabei an den Seiten etwas hochziehen. Den oberen Rand mit einem Holzlöffel dicht nebeneinander wellenartig eindrükken. Den Boden mit der Gabel mehrmals einstechen und nicht zu dick mit Konfitüre bestreichen.
Für die Füllung Eigelb, Honig, Zukker, Speisestärke, Amaretto und gemahlene Mandeln mischen. Das Eiweiß sehr steifschlagen und unterheben. Auf den Teigboden geben und glattstreichen. Am äußeren Rand strahlenförmig Mandeln um eine halbierte glasierte Kirsche legen, so daß eine „Blume" entsteht. In der Mitte noch einen Mandelkranz legen. Im vorgeheizten Backofen bei 200 Grad etwa 50–60 Minuten backen. Die letzten 15 Minuten mit einem Pergamentpapier den Kuchen abdecken.

Honig-Limonen-Drink, Grapefruit-Tee, Fruit-King und Bananen-Shake

Die Rezepte dazu auf Seite 115 und 117

Honig-Mixgetränke

Milch-Honig-Trunk mit Möhren

1/4 l Vollmilch
1/4 l Möhrensaft
2 EL gemahlene Haselnußkerne
2-3 EL Bienenhonig
Saft von 1 Zitrone

Die Vollmilch mit dem Möhrensaft, den gemahlenen Nüssen, dem Honig und dem frisch gepreßten Zitronensaft gut miteinander verrühren. In Gläser füllen und servieren.

Birnenshake mit Limonen

(Für 2 Portionen)

1 reife Birne
Saft von 1 Zitrone
1 EL Honig
1/2 l Vollmilch
1-2 EL Mandelmus (Reformhaus)
1 Tropfen Bittermandel
1 TL Birnensaftkonzentrat
Melisseblätter

Die Birne schälen, vierteln, das Kerngehäuse entfernen und in Stükke schneiden. Mit dem Honig, der Milch und dem Mandelmus in einen Mixer geben und zu einer glatten Mischung rühren. Mit Bittermandel und Birnensaftkonzentrat abschmecken, in Gläser füllen und mit Melisseblättern garnieren.

Melonen-Kohlrabi-Drink

2 Kohlrabi
1 Honigmelone (ca. 300 g)
1 Banane
1/2 Gurke
1 EL Honig

Kohlrabi, Honigmelone, Banane und Gurke schälen und alles in kleine Stücke schneiden. Danach alles durch den Entsafter geben und mit dem Honig verrühren. In 4 Gläser füllen und mit Kohlrabiblättchen dekoriert servieren.

Honig-Orangen-Cocktail

3 Eßlöffel Honig mit 1/4 Liter frisch ausgepreßtem Orangensaft und 1 Prise Salz vermischen und auf gestoßenem Eis in Cocktailgläsern servieren. Sehr delikat schmeckt dieser Cocktail natürlich mit einem Orangenblütenhonig.

Honig-Ei-Shake

(Für 1 Person)

Ein Glas Milch mit einem Eigelb gut verquirlen, dann einen Eßlöffel Honig unterrrühren. Das Getränk kann warm oder auch kalt zubereitet werden.

Fruit-King

(Für 4 Tassen)

2 Eßlöffel Honig, 2 geschälte und in Scheiben geschnittene Bananen, 2 Tassen Ananassaft, 2 Tassen Orangensaft und 8 große Erdbeeren in einen Mixer geben und alles zu einer glatten Mischung rühren. Vor dem Servieren kühl stellen.

Bananen-Shake

(Für 3 Tassen)

2 Eßlöffel Honig, 2 Tassen kalte Milch, 1/2 Tasse gekühlten Orangensaft, 1 geschälte und in Scheiben geschnittene Banane sowie 1/4 Tasse Pflaumensaft in einen Mixer geben und auf hoher Stufe glattrühren.

Heißgetränk von Honigmet

(Für 1 Glas)

1/8 Liter Honigmet, 1 Eßlöffel Huflattich, 1 Teelöffel Thymiansaft, 1 Teelöffel Zitronensaft und 1 Eßlöffel Honig in einen Topf geben, erhitzen und heiß in ein Glas füllen. Wirkt gut bei Erkältung.

Koko-Vanille

40 g Kokosflocken und die aufgeschnittene Vanilleschote mit dem Mineralwasser aufkochen und 15 Minuten ziehen lassen. Durch ein mit einem Kaffeefilter ausgelegtes Haarsieb gießen, die Kokosflocken darin gut ausdrücken. Die so entstandene Kokosmilch mit dem Honig und dem Holundersaft vermischen und abkühlen lassen. Den Rand von 4 hohen Saftgläsern dünn mit Honig einpinseln und in die restlichen Kokosflocken tauchen. In jedes Glas einen Eiswürfel geben, mit der Kokosmilch angießen und mit Mineralwasser auffüllen.

50 g Kokosflocken
1/2 Vanilleschote
1/4 l kohlensäurearmes Mineralwasser
1 EL Akazienhonig
1 EL Holundersaft
4 Eiswürfel

Apfelcocktail

- 2-3 Sommeräpfel
- 350 g Schwedenmilch
- Saft von 1 Zitrone
- 1 EL Honig
- Zimt
- Naturvanille

Die Äpfel schälen (die Schale zum Garnieren verwenden), das Kerngehäuse entfernen und die Äpfel in Stücke schneiden. Mit den anderen Zutaten in einen Mixer geben und zu einer glatten Mischung rühren. Den Cocktail in Gläser füllen und mit Apfelblättern und -schale garnieren. Dieser Cocktail schmeckt ebenso gut, wenn Sie ihn statt mit Äpfeln mit Birnen zubereiten.

Brombeer-Milch-Mix

- 200 g Brombeeren
- 1/2 l Kefir
- 1 EL Honig
- 1 Prise Anis
- Melisseblätter

Die Brombeeren verlesen, waschen und gut abtropfen lassen. Die abgetropften Brombeeren mit dem Kefir, dem Honig und einer Prise Anis in einen Mixer geben, alles gründlich vermixen oder pürieren. In Gläser füllen und mit Melisseblättern garnieren. Sofort servieren.

Heidelbeer-Milch-Mix

- 350 ml Vollmilch
- 150 ml Heidelbeersaft (Reformhaus)
- 2 EL Honig
- 100 g Heidelbeeren
- 1 EL gehackte Haselnüsse

Die Milch mit dem Heidelbeersaft und dem Honig verrühren. Die gewaschenen Heidelbeeren in die Gläser geben und mit dem Milch-Saft-Mix auffüllen. Vor dem Servieren mit den gehackten Haselnüssen bestreuen.

Johannisbeer-Milch-Mix

(Für 2 Portionen)

- 1/2 l Milch
- 150 g rote Johannisbeeren
- 1 EL Honig
- 1/2 Becher saure Sahne
- 1 EL Birnensaftkonzentrat
- etwas Naturvanille
- 1 EL Sesam

Die gewaschenen Johannisbeeren (2 Ästchen zurückbehalten) durch ein feines Sieb drücken. Den Johannisbeersaft mit den übrigen Zutaten in einen Mixer geben und gut vermixen. In zwei Gläser füllen und an jedes Glas ein Ästchen Johannisbeeren hängen. Den Sesam kurz in der Pfanne rösten und die Milch damit bestreuen.

Honig-Limonen-Drink

(Für 4 Tassen)

EL Honig
EL frisch geriebene imonenschale ersatzweise Zitrone)
Tasse warmes Wasser
1/2 Tassen frisch epreßter Limonensaft Zitrone)

Die Limonenschale, den Limonensaft, den Honig und das warme Wasser in einen Krug geben und gut vermischen, dann den Drink in den Kühlschrank stellen. In Gläsern mit zerstoßenem Eis servieren.

Grapefruit-Tee-Erfrischungsgetränk

(Für 12 Tassen)

EL Honig
Tassen Wasser
/2 Tasse Limonensaft
Teebeutel
Liter Grapefruitsaft

Die Teebeutel in eine große Schüssel oder Krug geben. Das Wasser zum Kochen bringen, über die Teebeutel gießen und 5 Minuten ziehen lassen. Die Beutel herausnehmen, den Honig zufügen und so lange rühren, bis er sich aufgelöst hat. Die restlichen Zutaten dazugeben und alles gründlich vermischen. Das Getränk in hohe Gläser gießen und nach Gusto mit etwas zerstoßenem Eis servieren.

Erdbeer-Akazienhonig-Frappé

(Für 1 Portion)

6 frische Erdbeeren
1/4 l Joghurt
3 EL Akazienhonig

5 Erdbeeren abbrausen, abtropfen, halbieren und mit 2 Eßlöffel Akazienhonig vorsichtig mischen und pürieren. Den Joghurt mit dem restlichen Honig gut verrühren, davon die Hälfte in ein Kelchglas füllen. Die Erdbeeren über die Joghurtmasse geben und mit dem restlichen Joghurt bedecken. Den Rand mit 2 halbierten Erdbeeren garnieren und mit einem Strohhalm servieren.

- *1 EL Anissamen*
- *1/4 l kohlensäurearmes Mineralwasser*
- *1 Prise Safran*
- *1 EL Kleehonig*
- *1 unbehandelte Orange*
- *4 Eiswürfel*
- *Mineralwasser*

Anisette

Die Anissamen im Mörser zerstoßen und mit dem Mineralwasser aufkochen, 10 Minuten ziehen lassen. Dann durch ein Sieb abgießen, das Safranpulver und den Honig darin auflösen und abkühlen lassen. Die Orangenschale mit einem Sparschäler spiralig abschälen. 4 Streifen zur Dekoration beiseite legen. Die restliche Schale aufbewahren. Die Orange halbieren, den Saft auspressen und in den Anissud geben. Die Eiswürfel auf 4 Gläser verteilen, die Anis-Orangenmischung darübergießen und mit Mineralwasser auffüllen. Mit den Spiralen dekorieren.

Die restliche Schale mit der Außenseite nach unten über jedem Glas ausdrücken, um mit den ätherischen Ölen den Drink zusätzlich zu aromatisieren. Ein Getränk für strapazierte Mägen. Anis mit Honig wirkt verdauungsfördernd und entkrampfend, Orange steuert Folsäure bei.

Fruchtiger Fitneßdrink

(Für 1–2 Portionen)

- *1/4 reife Banane*
- *1-2 EL frisch gepreßter Zitronensaft*
- *1-2 EL Honig*
- *1/8 l frisch gepreßter Orangensaft*
- *1/8 l frisch gepreßter Ananassaft*
- *3-4 Blätter Zitronenmelisse*
- *Mineralwasser*

Die Banane in Stücke schneiden und mit dem Zitronensaft im Mixer zu einer glatten Masse pürieren. Den Honig und die Säfte hinzufügen und alles nochmals kurz mixen. Die in feine Streifen geschnittene Zitronenmelisse in ein gut gekühltes Glas geben. Das Glas zu zwei Drittel mit dem Mixgetränk füllen und mit gekühltem Mineralwasser auffüllen. An den Rand eine Orangen- und Zitronenscheibe stecken und mit Strohhalm servieren.

Der Tip

Durch Fruchtsäure kann die Milch etwas gerinnen. Wenn Sie alles in den Mixer geben, kann das nicht passieren. Noch ein Trick: Zunächst die Milch mit dem Schneebesen des Handrührgerätes aufschlagen, dann nach und nach Fruchtsaft oder Pürees zugeben.

Milch-Honig-Mix

(Für 2 Personen)

- *1/2 l Milch*
- *2 EL Honig*
- *1/8 l Schlagsahne*
- *125 g frische oder tiefgekühlte Himbeeren*
- *abgeriebene Zitronenschale*

Die eiskalte Milch mit Honig, Schlagsahne und der Hälfte der Himbeeren im Mixer schaumig aufschlagen, in Gläser füllen und die restlichen Himbeeren untermischen. Mit etwas frisch geriebener Zitronenschale bestreuen und eiskalt servieren.

Apfelsinen-Honig-Drink

(Für 1 Portion)

- *2 Apfelsinen*
- *1 Zitrone*
- *2 EL Honig*
- *Mineralwasser*

Apfelsinen und die Zitrone auspressen, unter kräftigem Rühren den Honig hinzufügen und anschließend einen Schuß Mineralwasser dazugeben. Dieser Drink ist der richtige morgendliche Muntermacher vor allem für die kühle Jahreszeit. Er stärkt die Abwehrkräfte gegen Husten, Schnupfen, Heiserkeit und gibt dem Körper einen kräftigen extra-Vitaminstoß.

Kalbsleber mit Äpfeln

Das Rezept dazu auf Seite 128

Die Fünf-Tage-Honig-Diät

Die Honig-Diät

(Alle Rezepte für jeweils 1 Person à 800 Kalorien pro Tag)

Damit alle Wirkstoffe im Honig erhalten bleiben, den Honig bitte erst ganz zum Schluß in die Gerichte geben. Nicht mitkochen!

Frühstück:

Cornflakes mit Milch und Honig

20 g Cornflakes mit 1/4 l Magermilch begießen. Mit 1 Teelöffel Honig und Zimt würzen.
Kalorien/Joule: ca. 200/840

Zwischendurch:

Knäckebrot mit Radieschen

1 Scheibe Knäckebrot (10 g) mit Radieschenscheiben (10 Radieschen) belegen.
Kalorien/Joule: ca. 50/210

Mittagessen: Omelett mit Himbeer-Honig-Quark

100 g TK-Himbeeren auftauen, frische Himbeeren verlesen, waschen und gut abtropfen lassen, dann grob pürieren oder durch ein Sieb streichen, mit 100 g Magerquark verrühren und mit 1 Teelöffel Honig abschmecken. 1 Ei mit 1 Eßlöffel Mineralwasser und 1 Prise Salz verquirlen. 1 Teelöffel Öl in einer beschichteten Pfanne erhitzen und ein Omelett darin braten. Mit dem Himbeer-Quark füllen und sofort servieren.
Kalorien/Joule: ca. 250/1.040

Zwischendurch:

1 Birne (125 g)

Kalorien/Joule: ca. 50/210

Abendessen:

Vollkornbrot mit Krabbensalat

1 Scheibe Vollkornbrot dünn mit Halbfettmargarine bestreichen. 100 g Krabbenfleisch mit Zitronensaft beträufeln, mit Pfeffer, gehackter Petersilie und 1 Teelöffel Honig mischen, abschmecken und das Brot damit belegen.
Kalorien/Joule: ca. 250/1.040

Frühstück:
Orangenjoghurt und Käseknäckebrot

1 Becher Magermilchjoghurt mit 1 Teelöffel Honig verrühren und mit Zitronensaft abschmecken. 1 Orange schälen und entweder filetieren oder in mundgerechte Stücke schneiden, dann mit dem Joghurt verrühren. Dazu 1 Scheibe Knäckebrot mit 30 g fettreduziertem Schmelzkäse bestreichen.
Kalorien/Joule: ca. 200/840

Zwischendurch:
Hagebuttentee mit Honig

1 Beutel Hagebuttentee mit kochendem Wasser aufgießen, ziehen lassen und lauwarm mit 1 Eßlöffel Honig süßen.
Kalorien/Joule: ca. 30/120

Mittagessen:
Hühnerkeule mit geschmorter Tomate

Hühnerkeule (150 g) sorgfältig unter fließendem Wasser waschen, mit Küchenpapier trockentupfen und in 1 Teelöffel Öl von beiden Seiten anbraten, salzen, pfeffern und etwa 20 Minuten weiterbraten. 2 Tomaten kreuzweise einritzen und in den letzten 5 Minuten mitbraten. Die Hühnerkeule mit 1 Eßlöffel Honig einpinseln. Etwas Kresse über das Gericht streuen. Dazu ein Roggenbrötchen essen.
Kalorien/Joule: ca. 250/1.050

Zwischendurch:
Fruchtsaft mit Honig

1/8 l ungesüßten Grapefruit- oder Orangensaft mit 1 Teelöffel Honig sorgfältig verrühren.
Kalorien/Joule: ca. 50/210

Abendessen:
Überbackenes Brot

1 Scheibe Vollkornbrot dünn mit Halbfettbutter bestreichen. Zuerst

mit 1 Scheibe gekochtem Schinken, dann mit 1 Pfirsichhälfte (kalorienreduziertes Kompott), und 1 Teelöffel Honig beträufeln, zuletzt mit 1 Scheibe Edamer (30% Fett) belegen. Kurz unter den Grill schieben oder in einer beschichteten Bratpfanne mit geschlossenem Deckel den Käse zerlaufen lassen.
Kalorien/Joule: ca. 250/1.050

Frühstück:

Roggenbrötchen mit süßem Hüttenkäse

1 Roggenbrötchen mit 1 1/2 Eßlöffel körnigem Frischkäse bestreichen. 1 Teelöffel Honig daraufträufeln.
Kalorien/Joule: ca. 200/840

Zwischendurch:

Kräuterbuttermilch

1/8 l Buttermilch mit etwas Zitronensaft, Pfeffer und 1 Eßlöffel gemischten Kräutern verrühren.
Kalorien/Joule: ca. 50/210

Mittagessen:

Forelle mit gemischtem Salat

1 Forelle (200 g) waschen und auf Alufolie legen. Mit Essig beträufeln. 1 Teelöffel Halbfettbutter sowie 1 Bund gehackte Kräuter daraufgeben. Die Folie schließen und in einem Topf mit kochendem Wasser etwa 15 Minuten garen. Würzen. Einen Kopfsalat gut waschen. Marinade aus 1 Eßlöffel Essig, 1 Eßlöffel Honig, Salz, Pfeffer, 1/2 Teelöffel Öl und Schnittlauchröllchen über den Salat geben.
Kalorien/Joule: ca. 250/1.050

Zwischendurch:

Schinkenkräcker

2 Kräcker mit 30 g Lachsschinken (ohne Fettrand) belegen.
Kalorien/Joule: ca. 50/210

Abendessen:

Vegetarisches Brot

125 g Möhren und 1 Apfel grob raffeln. Mit 1 Eßlöffel Magermilchjoghurt, 1 Teelöffel Honig und Petersilie mischen. 1 Scheibe Vollkornbrot dünn mit Halbfettbutter bestreichen und mit der Rohkost belegen.
Kalorien/Joule: ca. 250/1.040

Frühstück:

Müsli mit Grapefruit

1 Grapefruit halbieren und das Fruchtfleisch zwischen den Trennhäuten mit einem scharfen Messer herausschneiden. Mit 1 Becher Magermilchjoghurt, 20 g Haferflocken, 1 Teelöffel Honig und nach Geschmack mit Zimt würzen.
Kalorien/Joule: ca. 200/840

Zwischendurch:

Zwieback mit Honig

1 Zwieback mit 1 Teelöffel Honig beträufeln.
Kalorien/Joule: ca. 50/210

Mittagessen:

Kalbsleber mit Äpfeln

100 g Kalbsleber sorgfältig enthäuten und von allen unansehnlichen Stellen befreien. Ganz kurz waschen, trockentupfen und mit Salbei und Pfeffer würzen. 1 Apfel schälen, das Kerngehäuse ausstechen und in Scheiben schneiden. Die Leber von beiden Seiten in 1 Teelöffel Margarine anbraten und leicht salzen. Die Apfelscheiben zugeben und noch etwa 4 Minuten sachte weiterbraten. Dazu 100 g eingelegte rote Beete mit etwas Kümmel und 1 Eßlöffel Honig servieren.
Kalorien/Joule: ca. 250/1.050

Zwischendurch:

Möhren

100 g Möhren schälen und waschen.
Kalorien/Joule: ca. 50/210

Abendessen:

Gefüllte Avocado und Butterbrot

1 kleine Avocado halbieren, den Kern vorsichtig entfernen und die Hälften mit Zitronensaft beträufeln. 50 g Preiselbeeren mit 1 Teelöffel Honig süßen und in die Avocadohälften füllen. Dazu 1 Scheibe Knäkkebrot dünn mit Halbfettbutter bestrichen essen.
Kalorien/Joule: ca. 250/1.050

Frühstück:

Knäckebrot mit Honigquark

2 Scheiben Knäckebrot dünn mit Halbfettbutter bestreichen. 1 Eßlöffel Magerquark mit Zitronensaft, 1 Eßlöffel Honig und nach Geschmack mit Ingwerpulver verrühren und auf das Brot geben.
Kalorien/Joule: ca. 200/840

Zwischendurch:

1 Kiwi (100 g)

Kalorien/Joule: ca. 50/210

Mittagessen:

Sauerkraut mit Rindfleisch

150 g Rindergulasch in 1 Teelöffel Öl kräftig anbraten. 125 g Sauerkraut etwas zerpflücken. 1 kleine geschälte Zwiebel würfeln, mit dem Sauerkraut zum Fleisch geben und kurz mit anbraten. Dann 1/8 l Wasser, Pfeffer, Salz, Wacholderbeeren und 1 Lorbeerblatt zufügen und alles bei geringer Hitze etwa 40 Minuten garen. Vor dem Servieren mit 1 Eßlöffel Honig abschmecken.
Kalorien/Joule: ca. 250/1.050

Zwischendurch:

1 Becher Diätjoghurt mit Ballaststoffen

Kalorien/Joule: ca. 60/240

Abendessen:

Salatplatte

100 g Salatgurke, 100 g Möhren, 1 Bund Radieschen und 1 Tomate putzen bzw. waschen, alles in Scheiben schneiden und auf einem Teller anrichten. 1 hartgekochtes Ei in Vierteln und 50 g Tilsiter Käse in Streifen daraufgeben. Eine Marinade aus 2 Eßlöffel Weinessig, Pfeffer, Salz, 1 Eßlöffel Honig, 1 Teelöffel Öl, gemischte gehackte Kräuter verrühren und darüber verteilen. Dazu 1 Scheibe Knäckebrot.
Kalorien/Joule: ca. 250/1.040

Schon in der Antike kurierte Hippokrates seine Patienten mit Honig. – Und eine Bauernweisheit besagt: „Ein Bienenstock kann zehn Ärzte brotlos machen!“

Der

Honig – wertvoll und gesund

Der Bienenstock als Jungbrunnen

Eine alte Bauernweisheit sagt, daß ein einziger Bienenstock zehn Ärzte brotlos machen kann. Schon Hippokrates, der bedeutende griechische Mediziner (460–370 v. Chr.), erkannte die vielfältigen Wirkungen von Honig und kurierte seine Patienten damit. Auch in der heutigen Zeit, in der Naturheilmittel mehr und mehr an Bedeutung gewinnen, kommt der Honig wieder zu Ehren, wenn es um die Gesundheit geht. Die moderne Wissenschaft beschäftigte sich auch mit diesem Vielzweckmittel und analysierte die Inhaltsstoffe. Die Bandbreite geht von Trauben- und Fruchtzuckern, Vitaminen, Aminosäuren, Spurenelementen, Elektrolyten, Mineralstoffen, Enzymen bis zu ätherischen Ölen und antibakteriellen Substanzen. Schon zwei, drei Eßlöffel täglich führen dem Organismus die für ein aktives Leben wichtigen Nährstoffe zu und füllen die Energiebatterien auf natürliche und schonende Weise wieder auf.

Trotz seiner wissenschaftlich untermauerten therapeutischen Wirkung wird Honig bei uns als Lebensmittel eingestuft. Aber da ihm ja aufgrund der Honigverordnung weder Stoffe zugesetzt noch Bestandteile entzogen werden dürfen, haben wir es mit einem völlig naturbelassenen Nährmittel zu tun – vorausgesetzt, es ist bei der Gewinnung fachgerecht behandelt worden. Damit alle wertvollen Inhaltsstoffe erhalten bleiben, darf man das Bienenprodukt nicht über 40 Grad erwärmen, will man etwa kristallisierte Sorten flüssig machen. Das geht ganz gut und einfach im Wasserbad. Ein normales Badethermometer zeigt die Temperatur an.

Greifen Sie ruhig bei Unpäßlichkeiten, Wehwehchen und kleinen Verletzungen auf Großmutters Hausmittel zurück! Selbst wenn es nichts bringen sollte – schaden tut es sicher nicht! Vergessen Sie aber dabei nicht, daß jede Krankheit und Befindlichkeitsstörung, deren Symptome länger als ein paar Tage dauern, vom Arzt behandelt werden müssen.

Arznei: Propolis

Auch das Kittharz, mit dem die fleißigen Honigsammler ihre Wohnungen abdichten und die Waben in die Rahmen oder hohle Bäume kleben, ist ein Vielzweckmittel. Es ist gleichzeitig eine Art Antibiotikum, was Krankheiten unter den Bienenvölkern verhindert und Schmutz entkeimt. Die Bienen gewinnen dieses Vorwachs aus dem Baumharz und wandeln es in ihrem Körper in Propolis um. Da Imkern von alters her die antibakterielle Wirkung bekannt war, benutzten sie es für Salben und Umschläge. Das tat man auch in der Sowjetunion während des Zweiten Weltkrieges in einigen Lazaretten zur Wundbehandlung. Dieses Verfahren konnte sich aber nicht durchsetzen, weil die Naturarznei in zu kleinen Mengen verfügbar ist und es am Markt auch andere, gute Produkte gibt. Propolis erhalten Sie in Reformhäusern als Salbe oder Tinktur oder direkt vom Imker.

Ein Geheimtip unter Naturfreaks: 10 Teile Propolis auf 90 Teile Alkohol soll die Superwaffe gegen Virusgrippe sein!

Allergische Reaktionen

Wer allergisch auf Bienenstiche reagiert, sollte auch Bienenprodukte meiden. Ein einziger Stich mit dem giftigen Stachel kann am ganzen Körper Nesselsucht auslösen. In sehr schweren Fällen kann Bienengift sogar zum Tod führen. Allergologen können durch eine Immunisierung die Reaktionen mildern, in vielen Fällen sogar beseitigen. Auch wer nicht allergisch reagiert, sollte bei einem Stich in den Augapfel oder in die Mundhöhle sofort einen Arzt zu Hilfe rufen. Er muß für die Abschwellung der Schleimhäute sorgen, damit keine Erstickungsgefahr besteht. Meist ist hier Cortison das Mittel der Wahl.
Zuckerkranke übrigens sollten erst mit ihrem Arzt besprechen, ob sie Honig zu sich nehmen dürfen und wenn ja, in welchen Mengen.

Fitness und Leistungssteigerung

1951 bezwang der berühmte Bergsteiger Hillary erstmals den Mount Everest. Er hatte in seinem Rucksack einen großen Helfer – drei Kilogramm Honig. Seine außergewöhnlichen körperlichen Leistungen und seine gesteigerte Regsamkeit bis ins hohe Alter führte der Neuseeländer auf seinen großen Honigkonsum zurück. Auch heute ist Honig der Geheimtip für Sportler. Fütterte man früher Ringkämpfer mit viel Fleisch und Zuckerpräparaten, so hält man sie jetzt mit Kohlenhydraten und Honig bei Kräften. Übrigens keineswegs eine Erkenntnis unseres Jahrhunderts: im alten Rom und im Griechenland der Antike machte man die Athleten schon mit Bienenfutter kampfstark.
Was für Sportler taugt, ist auch gut für Kinder und Heranwachsende, um ihre Leistungsfähigkeit und Nerven auf natürliche Weise zu fördern. Ein gesundes Frühstück mit Honig sorgt für einen guten Start in den Tag. Wer hier sparen will, spart am falschen Ende, denn das Frühstück bestimmt die Leistungsfähigkeit während des ganzen Tages mit. Dabei ist von großem Vorteil, daß Honig auch noch gut schmeckt. Fachärzte für altersbedingte Krankheiten haben schon längst den Honig als Waffe im Kampf gegen Alterskrankheiten entdeckt. Er wirkt appetitanregend, steigert also bei älteren Menschen die Lust auf Essen und damit das Gewicht. Das gilt besonders für Rekonvaleszenten, die sich von einer schweren Krankheit oder Operation erholen. Es ist so einfach – man kann Honig statt Zucker unter die Nahrung mischen. Und man hat nie das Gefühl, ein Medikament einzunehmen! Wer schlecht schläft und deshalb übernervös reagiert, versuche es doch einmal mit dem Honigtopf als Schlafmittel – eine ordentliche Portion morgens zum Frühstück und abends vor dem Schlafengehen. Kann man nach einem besonders anstrengenden Tag nicht abschalten, hilft ein Rezept von Großmutter: ein halbes Glas Mineralwasser, 10 Tropfen Baldriantinktur mit einem Teelöffel Honig gut mischen und langsam trinken. Nicht nur die Mineralstoffe wie Calcium, Natrium, Magnesium, Eisen und Phosphor sorgen für Wachstum, Regeneration, Leistungssteigerung – es ist vor allem der Trauben- und Fruchtzucker, der sofort in Energie umgesetzt wird und fit macht.

Gelée Royale und Pollen

Das „königliche Gelée" ist ein Nebenprodukt der Bienenzucht. Es gehört zu den Futtermitteln, mit denen die Arbeitsbienen die Königin (daher der Name) und einen Teil der Drohnenbrut versorgen. Seit Menschengedenken wird ihm eine Art Zauberkraft zugesprochen. Französische Wissenschaftler gingen diesem Gerücht nach und stellten fest, daß es unter anderem beste Erfolge bei nervösen Störungen, gesundheitlichen Krisen und hartnäckigen Eiterwunden hat. Auch bei Unterernährung konnte eine rasche Hilfe beobachtet werden. Gelée Royale ist also eine Art „Superhonig". Analysen zeigten, daß Gelée Royale einen ganz ähnlichen Aufbau wie den der Pollen hat. Der Pollen ist ein Bällchen aus feinkörnigem Blütenstaubmehl, das sich auf den sogenannten Höschen der honigsammelnden Tierchen findet und von ihnen zu einem Kügelchen zusammengedrückt wird. (Und das alles während des Fluges!). Dieses Samenpäckchen enthält die Haupteiweißquelle für den Nachwuchs. Die klugen Bienen horten instinktiv die beste geballte Kraft, die die Natur für sie bereithält, um ihre Kinder optimal zu versorgen.

Pulverisierte Fitmacher

Bis zur Erfindung der Honigschleuder preßten Imker den Honig manuell aus den Waben, wobei sich große Pollenmengen unter den Honig mischten. Auffällig war, daß Züchter, die diesen „verunreinigten" Honig aßen, immer sehr alt wurden. Erst in der Mitte dieses Jahrhunderts gingen Experten diesem Phänomen nach und fanden heraus, daß in Pollen alles, was auch im Honig drin ist, enthalten ist – nur in anderen Dosierungen. Nun war klar, warum die Honigbauern im Alten Rußland, deren Hauptemährung der pollenverstärkte Honig war, ein methusalemisches Alter erreichten! Nachdem man Mitte unseres Jahrhunderts eine Vorrichtung gefunden hatte, die es ermöglicht, Pollen von den Bienchen zu „ernten", und die Aufbereitung für den menschlichen Genuß nicht schwierig ist, kann man sie kaufen. Aber Vorsicht! Pollen sind nicht lagerfähig und neigen dazu zu verschimmeln. Die pulverisierten Fitmacher werden mit etwas Mineralwasser geschluckt. Wer den bitteren Geschmack scheut, kann sie unter Honig rühren – was die Wirkung noch verstärkt. Kenner empfehlen als Tagesdosis einen gehäuften Eßlöffel – morgens gleich nach dem Aufstehen auf nüchternen Magen.

Bienengift

Wo viel Gutes, da auch Böses. Doch selbst das Bienengift, das ihre Feinde kampfunfähig macht, hat noch wundersame Wirkung. Lange galt es als Helfer gegen Rheuma und Gicht. Man rieb die schmerzenden Stellen damit ein oder injizierte es unter die Haut. Heute kann man die Wirkung erklären: Das Bienengift vertrieb die Krankheit keineswegs – es förderte lediglich die körpereigene Produktion von Cortison, einem Hormon aus der Nebenniere. Auch in der modernen Medizin wird das Bienengift zur Bekämpfung von rheumatischen Krankheiten eingesetzt, allerdings in geringeren Dosen, da einige schädliche Nebenwirkungen bekannt geworden sind.

Die Honig-Apotheke

Erkältungskrankheiten

Seit Hippokrates schlucken Verschnupfte und Verschleimte den von ihm propagierten Trunk: warme Milch mit einer gehörigen Portion Honig darin. Bei Lungen- und Brustfellentzündung empfahl er dreimal täglich Schleimsuppe mit Bienennahrung. Heute weiß man, warum der Vater der abendländischen Medizin damit so große Erfolge erzielte. Honig lindert Hustenreiz, erleichtert die Atmung und fördert die Schleimlösung. Diese Wirkung führen Wissenschaftler vor allem auf die Bestandteile Zucker, ätherische Öle und antibakterielle Stoffe zurück. Der Honigzucker steigert die Aufnahmefähigkeit der Schleimhäute und vermindert so die Schleimbildung. Die ätherischen Öle wirken stimulierend auf die entzündeten Bronchien. Die Flimmerhärchen, die den Schleim aus den Bronchien befördern sollen, beginnen emsiger zu arbeiten. Außerdem wird zäher Schleim dünnflüssiger, so daß er sich leichter ablöst und abgehustet werden kann. Die baktericiden Stoffe wie das Enzym Inhibin (von inhibere = hemmen), Penicillin B, Wasserstoffperoxid, nehmen sofort den Kampf mit den Erregern auf, falls eine Infektion der Atemwege vorliegt. Ein amerikanischer Arzt verordnete seinen allergischen Patienten gegen ihr Asthma und den quälenden Heuschnupfen täglich eine tüchtige Portion Honig. Er berichtete später, daß er bei 90 von 100 Allergikern damit eine Besserung, in vielen Fällen sogar eine Heilung erreicht hätte. Bei Grippe ist es hilfreich, den bewährten Tee aus Lindenblüten (ein Teelöffel Lindenblüten mit einer Tasse kochend heißem Wasser übergießen, 15 Minuten ziehen lassen, abgießen) nur mit Honig zu süßen. Das gilt übrigens auch für andere Tees, die die Erkältung vertreiben sollen. Denn Tee gibt dem durch die Erkältung geschwächten Organismus neuen Schwung und stärkt die natürlichen Abwehrkräfte des Körpers. So wirkt er gleichzeitig vorbeugend gegen einen Rückfall und Wiederansteckung. Wichtig ist dabei aber, daß der Honig entweder kalt mit dem Löffel gegessen oder nur lauwarm in Getränken genommen wird. Jedes Erhitzen beeinträchtigt seine Wirkungen.

Herz- und Kreislaufkrankheiten

In unserem Land stehen Herz- und Kreislaufleiden immer noch an erster Stelle der Sterbestatistik. Wenn man sein Herz, diesen unermüdlichen Schwerarbeiter, ständig überfordert, dann sind drei Eßlöffel Bienenhonig pro Tag sicher nicht die Rettung vor dem drohenden Infarkt. Aber ein müdes, aus dem Takt geratenes Pumpwerk wird die Unterstützung durch diesen Naturstoff dankbar registrieren. Versuche haben gezeigt, daß Honig positiv auf das Zusammenziehen des Herzmuskels, die Regelmäßigkeit des Herzschlags und die Durchblutung der Herzkranzarterien wirkt. Experten erklären dies mit einem Stoff im Honig, der eine größere Ausnutzung des Energielieferanten Zucker ermöglicht. Sie fanden heraus, daß die Bienennahrung Substanzen, die verengend auf die Gefäße wirken, entschärft. Eine gute Nachricht für Raucher!

Bei entsprechenden klinischen Versuchen wurde Honig übrigens nicht nur gelöffelt oder aufgelöst getrunken, sondern sogar intravenös injiziert. Vergleichstests mit verschiedenen Zuckerlösungen ergaben, daß Honig ein ganz besonderer Saft ist, der auch Einfluß auf das Nervensystem nimmt. Der sogenannte cholinergische Faktor sorgt dafür, daß die ausgleichende Wirkung des Honigs je nach Bedarf von Nerven gesteuert wird.

Menschen, die unter einem zu niedrigen Blutdruck leiden, der sich häufig durch Leistungsschwäche sowie erhöhtes Schlaf- und Ruhebedürfnis bemerkbar macht, kommen durch regelmäßigen Honigkonsum wieder in Schwung. Blutdruckmessungen zeigten eine Normalisierung des Blutdrucks und ein Abklingen der Beschwerden, besonders bei Patienten mit leichten Herzmuskelschäden.

Bei allen peripheren Durchblutungsstörungen – vor allem bei älteren Menschen – hat sich das Bienenprodukt, wird es regelmäßig genommen, als wertvolle Unterstützung der Therapie erwiesen. Honig sollte aber nicht als Ersatz für verordnete Medikamente angesehen werden! Ob die Dosis dann aufgrund besserer Werte etwas gesenkt werden kann, sollte mit dem Arzt besprochen werden.

Erkrankungen von Leber, Magen und Darm

Wir muten unserer Leber ganz schön viel zu. Sie soll nicht nur mit den zahlreichen Umweltgiften fertig werden, oftmals wird ihr auch die Verarbeitung größerer Alkoholmengen zugemutet. Honig hilft hier der Leber bei ihrer Arbeit – die zu entfernenden Gifte werden an Umwandlungsprodukte des Traubenzuckers gebunden, damit unschädlich gemacht und ausgeschwemmt. Die entlastete Drüse hat nun Zeit, sich wieder zu erholen und neue Kräfte zu sammeln, indem sie neue Zellen bildet.

Gleichermaßen profitiert der Magen vom goldgelben Naturstoff. Denn seine Wände müssen ebenso einiges aushalten. Streß, seelische Nöte und Nervosität können das Säureverhältnis beeinträchtigen. Im wahrsten Sinne des Wortes reagiert der Magen sauer. Entzündungen oder

gar Magengeschwüre sind die Folge. Honig hat einen ausgleichenden Effekt: Bei zuviel Säure wirkt er bremsend, bei zuwenig stimulierend. Vor allem russische Wissenschaftler setzen auf Honig und erzielten damit beachtliche Heilerfolge. Patienten mit zum Teil jahrelangen Beschwerden waren nach wenigen Wochen geheilt! Wissenschaftliche Versuche zeigten, daß die Bitterstoffe im Honig den Säurehaushalt auszugleichen vermögen.
Auch der Darm gewinnt durch Honig. Seine Bewegungen werden angeregt, die Durchblutung stimuliert und die Bildung von Fäulnisbakterien gehemmt. Omas Hausmittel bei Darmträgheit: Einen Eßlöffel Honig in einem Glas zimmerwarmen Mineralwasser verrühren, das Ganze in kleinen Schlucken vor dem Frühstück trinken. Bei Kleinkindern genügt schon ein Teelöffel Honig in Brei oder Milch aufgelöst, um die abführende Wirkung zu erzielen. Ein Blick in „Beste Haus-Arzneimittel" von 1844, wo Honig als Wurmkur für Kinder wärmstens empfohlen wird: „Pfefferminztee mit viel Honig".

Hautkrankheiten

Die Haut, unser größtes Organ, spielt für unser Wohlbefinden eine große Rolle. Es ist bekannt, daß auch unser Immunsystem in hohem Maße von ihm abhängt. Eine intakte Haut ist also nicht nur für unser Aussehen wichtig, sondern für den ganzen Organismus. Hippokrates war sicher nicht der erste Heiler, der den aromatischen Naturstoff auf Wunden und Geschwüre auftrug. Seine modernen Kollegen müssen sich dabei keineswegs nur auf überlieferte Erfahrungen stützen, sondern auch auf modernste Forschung. Biotin, auch Vitamin H oder Hautschutzvitamin genannt, ist der Zauberstoff. Biotin wird im Darm gebildet, ein Mangel kann Ekzeme und Entzündungen hervorrufen. Hier helfen Moniglösungen oder Injektionen.
Wird Honig direkt auf eine Hautverletzung aufgebracht, so kommen gleich mehrere Wirkkräfte zum Zuge. Durch Osmose, die den Flüssigkeitsaustausch zwischen den Zellen fördert, wird vermehrt Lymphe an die betroffene Stelle geleitet und dadurch die Wundreinigung beschleunigt. Die Neubildung von Hautzellen wird angeregt, die Wunde schließt sich schneller. Nach anfänglichem Brennen wirkt das „Honigpflaster" kühlend, schmerzlindernd und schützend.

Honig für die Schönheit

Nicht nur innerlich, auch als Schönheitsmaske auf die Haut aufgetragen, kommen die Wirkstoffe des Honigs zur Entfaltung. Denn er zieht Unreinheiten aus der Haut, tötet Bakterien, seine Nährstoffe und andere Werte ernähren die Haut. Das macht sie frisch, samtartig und weich. Hier einige Rezepte für eine Gesichtsmaske:

- eine Mischung aus gleichen Teilen Honig, Eigelb und frischem Rahm.
- 100 g flüssiger Honig, 25 g Alkohol, 25 g Wasser verrühren.
- Ein Eigelb, 1 Kaffeelöffel Honig, 1 Kaffeelöffel Glyzerin.
- Quark mit Honig verrühren und auf die gereinigte Haut auftragen.

Alle Masken 10 bis 15 Minuten einziehen lassen und dann mit lauwarmem Wasser abwaschen.

Honig wird bei uns nach zwei Kriterien unter-schieden: nach Blüten-pollen-Gehalt und Art der Gewinnung

Honig in Natur und Küche

Kurz vorgestellt:

Das süße Geheimnis der Bienen

Honig ist der Stoff, den die fleißigen Bienchen unermüdlich für ihre Ernährung und Vorratshaltung produzieren. Dabei sind sie so emsig, daß sogar für uns Menschen noch etwas abfällt – ohne daß eine Biene hungern müßte! Auf ihrem Flug sammeln sie süße Säfte aus Blüten und anderen Pflanzenteilen. Noch unterwegs wird das Gesammelte mit Körpersäften angereichert und dann daheim im Bienenstock in den Waben eingelagert. Dort reift die Mischung. Dabei kristallisiert Traubenzucker, das Gebräu wird fest – und fertig ist der Honig!

Das Endprodukt wird bei uns nach zwei Kriterien unterschieden: nach den enthaltenen Blütenpollen und der Art der Gewinnung. Wie aber kriegt man heraus, welche Bäume, Blumen und Sträucher ein Bienchen auf der Suche nach Nektar angeflogen hat? Für diese Pollenanalyse ist hochmodernste Technik und Mikroskopie erforderlich, Voraussetzungen, die bei uns das Institut für Honigforschung in Bremen bietet. Über tausend verschiedene Blütenpollen können die Experten bestimmen, bis zu viertausend Honigproben werden jährlich in Bremen untersucht. Ein großes Arbeitsprogramm, wenn man bedenkt, daß allein zehn Gramm Honig bis zu einer Million Pollen enthalten können. Für Konsumenten ist die Arbeit dieses Instituts äußerst wertvoll: Sie gewährleistet, daß der Honig im Handel wirklich echter Sortenhonig ist. Sorten- oder Trachthonige müssen überwiegend Pollen der entsprechenden Blüte aufweisen, also zum Beispiel Linden-, Klee- oder Akazienpollen. Es gibt allerdings im Handel auch Mischhonige, die verschiedene Pollen enthalten. Eine Tatsache übrigens, die für jede Biene, die etwas auf sich hält, eine Ungeheuerlichkeit wäre: Für Bienen ist es selbstverständlich, daß sie auf einem Flug nur eine Blütenart abernten. In der Bienenwabe ist Honig immer sortenrein!

Grundsätzlich wird Honig unterschieden nach dem Ursprung des Nektars: Da gibt es einmal die große Gruppe der Blütenhonige, deren Saft aus Blüten stammt. Hier sind Mischhonige besonders beliebt, die nicht nur von einer Blüte stammen, sondern von verschiedenen aus derselben Region. Typisches Beispiel: der Gebirgsblütenhonig. Nicht aus Blüten, sondern aus dem Siebröhrensaft vorwiegend von Nadelbäumen werden die Honigtauhonige gewonnen. Sie sind dunkler und schmecken würziger.

Gewonnen wird der Honig aus den Bienenwaben, die natürlich keine Brut beherbergen dürfen. Da gibt es verschiedene Arten der Gewinnung: Einmal können die Waben geschleudert werden, wobei die Fliehkraft den Honig herauswirft. Das ist Schleuderhonig. Werden die Waben zerteilt, spricht man von Scheiben– oder Wabenhonig. Preßhonig schließlich wird, der Name verrät es schon, aus der Wabe herausgepreßt. Geschieht dies unter Erwärmung, heißt das Produkt Seimhonig. Eher ein Abfallprodukt der Honiggewinnung ist der Stampfhonig, der noch Blütenstaubreste enthält und deshalb gönnerhaft den Bienen zum Essen gelassen wird...

Aus deutschen Landen kommt nur noch der wenigste Honig auf unseren Tisch. Das liegt daran, daß wir Deutschen ausgesprochen viel Honig essen. Mit einem pro-Kopf-Verzehr von stolzen 1,4 Kilogramm halten wir da die Weltspitze. Daß wir unseren Bedarf aber nur zu zwanzig Prozent aus eigener Ernte decken können, liegt unter anderem daran, daß wir wegen des Klimas nur einmal im Jahr ernten können, und daß unsere Landschaft für Bienenvölker, die die unberührte Natur lieben, schon viel zu dicht besiedelt ist.

Hauptlieferanten sind heute neben den europäischen Mittelmeerländern vor allem Mexiko, China, Argentinien, die UdSSR und Australien. Hier finden die anspruchsvollen Bienchen ideale Lebens- und Sammelbedingungen, weshalb auch zwei- bis dreimal im Jahr geerntet werden kann.

Der Honigfreund profitiert davon, wird doch das Angebot um so interessante Sorten wie Eukalyptus, Kakteen, Orangen, Pinien, Thymian und viele andere bereichert. Ein kurzer Überblick über unsere beliebtesten Honigsorten und ihre Anbaugebiete:

- Akazienhonig kommt zum größten Teil aus Ungarn. Er ist sehr hell, mild und recht flüssig. Daher sollte dieser Honig kühl gelagert werden.
- Buchweizenhonig stammt aus China, zum Teil auch aus deutscher Ernte. Die Farbe ist dunkelbraun.
- Eukalyptushonig wird zwar von deutschen Bienen produziert, die sind aber schon vor langer Zeit nach Australien ausgewandert. Der goldfarbene Honig erinnert ein wenig an Hustensaft.
- Heidehonig kommt aus der deutschen Heide und duftet wunderbar nach Natur.
- Kleehonig: Kanada und die nördlichen Staaten der USA sind Hauptlieferanten des fast weißen, milden Honigs.
- Lavendelhonig ist französischen oder spanischen Ursprungs. Der Geruch erinnert ein bißchen an Omas Wäschesäckchen!
- Lindenblütenhonig ist der Star unter den Honigen. Die beste und beliebteste Sorte kommt aus Südosteuropa (Ungarn, Jugoslawien, Rumänien).
- Orangenblütenhonig ist natürlich eine Köstlichkeit aus den Ländern, wo die Orangen reifen: Israel, Spanien, Italien, USA.
- Rapshonig stammt aus dem Norden Europas, aus eigener Ernte und aus skandinavischen Ländern. Ähnelt dem Kleehonig!
- Rosmarinhonig hat seine Heimat auch in den Mittelmeerländern. Besonderes Merkmal:
  Er schmeckt überhaupt nicht nach dem bekannten Küchengewürz.
- Salbeihonig schmeckt würzig und kräftig wie das Gewürz. Die Haupternte kommt aus den USA.
- Waldhonig kann sowohl von Laub- als auch Nadelbäumen stammen. Er kommt vorwiegend aus spanischen und griechischen Wäldern, aber auch aus deutschen Tannenwäldern. Sein Geschmack ist aromatisch und würzig, manchmal ein bißchen malzig.

Am Rande sei der Kunsthonig erwähnt, der aber bei uns kaum noch Bedeutung hat. Er wird aus Stärkezuckersirup und Fruchtzucker hergestellt und mit Lebensmittelfarben und Wachs optisch auf Honig getrimmt. Verbraucher müssen indes keine Sorge haben, daß ihnen versehentlich mal so ein Imitat in die Hände fällt: Die Gesetzeslage in Sachen Honig ist in Deutschland so streng, daß der Kunsthonig überhaupt nicht wie Honig angeboten werden darf.

Das Auge des Gesetzes

Weil der Honig für uns so wichtig ist, hat sich auch der Gesetzgeber mit besonderem Bienenfleiß der Produktion und des Handels mit diesem Nahrungsmittel angenommen. Die Paragraphen 961 bis 964 des Bürgerlichen Gesetzbuches definieren genau, wann eine Biene ein Haustier ist und damit gesetzlichen Schutz genießt. „Herrenlos", quasi Freiwild, ist eine Biene dann, wenn sie nicht mehr zum heimischen Bienenstock zurückkehrt. Jeder Imker tut also gut daran, seinen Bienchen ein möglichst schönes Zuhause zu bauen – damit sie nicht auf Fluchtgedanken kommen. Machen sich die kleinen Biester doch einmal selbständig, so muß ihr Imker sie unverzüglich verfolgen – sonst könnten die Tierchen schnell den Besitzer wechseln. Bei der Verfolgungsjagd aber hat der Imker (Paragraph 962 und 963!) sogar das Recht, in fremde Grundstücke einzudringen und andere Bienenwaben aufzubrechen, um seine Haustiere herauszuholen. Strenge Sitten bei der Bienenhaltung!

Das gilt auch für die freiwillige Selbstkontrolle der Imker, die im Deutschen Imkerbund e.V. zusammengeschlossen sind. Die Selbstkontrolle dieser Vereinigung ist so streng, daß sie allein schon qualitativ hochwertigen Honig gewährleisten würde. Die Selbstkontrolle der deutschen Imker hat freilich keinen Einfluß auf ausländische Produkte, die ja einen Großteil unserer Angebotspalette ausmachen. Da muß eben doch nochmal der Gesetzgeber her, und deshalb gibt es die „Honigverordnung" – eine genaue gesetzliche Bestimmung von Begriffen, Bezeichnungen und Klassifizierungen zum Honig. Die Einhaltung der Honigverordnung überwacht unter anderem das Bremer Honig-Institut. Die HVO garantiert, daß Honig ein echtes, unverfälschtes Naturprodukt ist. Dem Honig dürfen demnach keine fremden Stoffe zugesetzt oder honigeigene entzogen werden. Natürlich darf er auch keine Verunreinigungen enthalten, wie zum Beispiel Insektenteile. Sein Säuregrad darf nicht künstlich beeinflußt werden und artfremder Geruch oder Geschmack dürfen unter dem Etikett „Honig" nicht vorkommen. Ganz wichtig: Die Honigverordnung stellt auch qualitative Anforderungen an echten Honig! Dies sind Mindestmengen an verschiedenen natürlichen Zuckerarten, Inhaltsstoffe wie Fermente, Mineralstoffe, Wasser, freie Säuren und vieles mehr. Ferner muß der

Garantierte Reinheit

Hersteller angeben, welche Blüten– oder Pflanzenart der Pollenlieferant ist, und in welchem Land seine Bienen geerntet haben. Schließlich verlangt der Gesetzgeber noch Angaben über den Abfüller, Vertreiber und sogar den Verpacker.

Wenn Sie also ein Glas aus dem Regal nehmen, auf dem Honig steht, können Sie sicher sein, ein hochwertiges Qualitätserzeugnis von bester Reinheit zu erwerben. Wie dieses Produkt genau auszusehen hat, definiert der Gesetzgeber folgendermaßen: „Honig – flüssig, dickflüssig oder kristallines Lebensmittel, das von Bienen erzeugt wird, in-

dem sie Blütennektar, andere Sekrete von lebenden Pflanzenteilen oder auf lebenden Pflanzen befindliche Sekrete von Insekten aufnehmen, durch körpereigene Sekrete bereichern und verändern, in Waben speichern und dort reifen lassen".
Klar, daß ein derart gepflegtes Lebensmittel eine rundum nahrhafte und gesunde Sache ist. Die Deutsche Gesellschaft für Ernährung in Frankfurt gibt für den Honig (100 g) folgende Nährwerte an:
81 g Kohlenhydrate
305 Kalorien (1277 Joule)
7 mg Natrium
5 mg Calcium
20 mg Phosphor
1,3 mg Eisen
4 g Vitamin A
0,10 mg Vitamin B1
0,40 mg Vitamin B2
0,5 mg Niacin.
Dagegen haben Rohr- oder Rübenzucker eigentlich außer Kohlenhydraten und Kalorien nichts Nennenswertes zu bieten. Umso erstaunlicher, daß es immer noch Menschen gibt, die zum Süßen statt Honig den leeren Industriezucker nehmen!
Eine Frage, die sich in der heutigen Zeit auch beim Honig durchaus stellt, ist die nach Resten von Schädlingsbekämpfungs- oder Pflanzenschutzmitteln. Honigfreunde können aufatmen! Denn hier schützt das empfindliche Bienchen den Menschen. Die Tiere sind gegen solche Gifte so sensibel, daß sie nach dem Kontakt damit sterben, bevor sie ihren heimischen Bienenstock wieder erreichen. Honig kann also diese Gifte gar nicht enthalten.
Es gibt allerdings einen Honig, der sich der gesetzlichen Kontrolle weitgehend entziehen kann – nicht muß! Das ist der, den Hausierer in Blecheimerchen an der Haustür anbieten. Es ist möglich, daß hier artfremde Stoffe untergemischt wurden, denn wer sollte die fliegenden Händler kontrollieren? Hier muß sich der Verbraucher selbst schützen, indem er nicht von Anbietern kauft, die er nicht kennt, und bei denen er nicht weiß, unter welchen Bedingungen der Honig gewonnen wurde. Haben Sie jedoch einen seriösen Händler, der auch bereit ist, seine Produktion notfalls zu zeigen, spricht nichts gegen den Haustür-Verkauf.

Ist das Produkt sauber, erwerben Sie in jedem Fall ein hochwertiges Nahrungsmittel. Zum Vergleich: 500 Gramm Honig (das ist der Inhalt eines normalen Honig-Schraubdekkelglases) haben den Nährwert von 2 Kilogramm Kartoffeln, 650 Gramm Graubrot, zweieinhalb Liter Vollmilch, 20 Hühnereiern, einem Kilogramm Kalbfleisch oder 800 Gramm Rindfleisch oder zweieinhalb Kilogramm Fisch!
Eine rundum nahrhafte Sache!

Register

Bildnachweis

Titelfoto: Agentur KES, Stephan Wagner / Rücktitel: Studio Teubner.
Vor-/Nachsatz: Anthony-Verlag.
Honig-Verband, Bremen: S. 6/7, 18/19, 24/25, 26, 28/29, 30, 31, 38, 39, 40, 41, 46, 47, 48, 49, 50, 52, 53, 54, 55, 56/57, 58, 59, 60, 61, 62, 63, 66, 68, 76, 80, 82, 83, 86, 96, 99, 111, 112/113, 114, 117, 119, 120/121, 122/123, 124/125, 126/127, 128/129, 138/139. Archiv für Kunst und Geschichte, Berlin: S. 8, 10/11, 12/13, 15, 17. neuform-Kochstudio: S. 20, 23, 36, 37, 44/45, 64, 65, 67, 74, 75, 78, 79, 88/89, 90, 92/93, 105, 116. Studio Teubner: S. 21, 91, 94, 102, 107. Info Bananen: S. 27. Reis-fit: S. 32. CMA: S. 33, 34, 43, 69, 84, 95, 110. Schwartauer Werke: S. 70/71, 72, 81, 87, 108/109. Ananas: S. 73. Alpensahne: S. 85. US-Sonnenblumenkerne: S. 101, 104. IDM: S. 115, 118.